Chalkidiki

Hartmut und Ulrike Engel

Chalkidiki

mit Insel Thasos

40 ausgewählte Wanderungen
und Sonderteil zum Berg Athos

Mit 103 Farbfotos, 40 Wanderkärtchen
im Maßstab 1: 50.000 und 1: 75.000,
einer Übersichtskarte im Maßstab 1: 225.000
sowie zwei Übersichtskarten im Maßstab 1: 800.000 und 1: 2.000.000

BERGVERLAG ROTHER GMBH · MÜNCHEN

Umschlagbild:
Kloster Simonos Petras auf Athos

Bild gegenüber dem Titel (Seite 2):
Antike Marmorbrüche

Alle Fotos vom Autor, ausgenommen die Bilder auf den Seiten 74, 100, 101, 104, 106, 112, 113, 149 (Ernst Burmester), Titel, 98, 99, 102, 103, 107, 108, 109, 110, 111 (Hans Glöckle)

Kartographie:
Wanderkärtchen im Maßstab 1: 50.000 / 1: 75.000 und Übersichtskarte im Maßstab 1: 225.000 © Bergverlag Rother; Übersichtskarten im Maßstab1: 800.000 / 1: 2.000.000 © Freytag&Berndt, Wien

Die Ausarbeitung aller in diesem Führer beschriebenen Wanderungen erfolgte nach bestem Wissen und Gewissen der Autoren.
Die Benützung dieses Führers geschieht auf eigenes Risiko.
Soweit gesetzlich zulässig, wird eine Haftung für etwaige Unfälle und Schäden jeder Art aus keinem Rechtsgrund übernommen.

1. Auflage 2000
© Bergverlag Rother GmbH, München

ISBN 3-7633-4291-5

ROTHER WANDERFÜHRER

Achensee · Allgäu 1, 2, 3 · Aostatal · Appenzell · Arlberg · Außerfern · Azoren · Bayerischer Wald · Berchtesgaden · Berner Oberland Ost, West · Bodensee · Böhmerwald · Bregenzerwald · Chalkidiki · Chiemgau · Comer See · Côte d'Azur · Dachstein · Davos · Dolomiten 1, 2, 3, 4, 5, 6 · Eifel · Elbsandstein · Ober-, Unterengadin · Fränkische Schweiz · Gardaseeberge · Gasteinertal · Gesäuse · Gomera · Gran Canaria · Grazer Hausberge · Harz · Hierro · Hochkönig · Hochschwab · Innsbruck · Isarwinkel · Island · Julische Alpen · Kaiser · Kärnten · Karwendel · Kaunertal · Korsika · Kreta Ost, West · Mallorca · Meran · Montafon · Mont Blanc · Golf von Neapel · Nockberge · Norwegen Süd · Odenwald · Ossola-Täler · Osttirol · Ötscher · Ötztal · La Palma · Pinzgau · Pitztal · Pongau · Provence · Rhön · Riesengebirge · Salzburg · Salzkammergut · Samos · Sardinien · Sauerland · Schwäbische Alb Ost, West · Schwarzwald Nord, Süd · Seefeld · Spessart · Sterzing · Stubai · Tannheimer Tal · Hohe Tatra · Hohe Tauern Nord · Tauferer- und Ahrntal · Taunus · Tegernsee · Teneriffa · Tessin · Teutoburger Wald · Thüringer Wald · Überetsch · Vierwaldstätter See · Vinschgau · Vogesen · Vorarlberg · Wachau · Ober-, Unterwallis · Walsertal · Weserbergland · Wien · Wiener Hausberge · Wildschönau · Zillertal · Zugspitze

Liebe Bergfreunde! Der Bergverlag Rother freut sich über jede Anregung und Berichtigung zu diesem Rother Wanderführer.

Bergverlag Rother · Haidgraben 3 · D-85521 Ottobrunn
Tel. (089) 608669-0 · Fax (089) 60866969
Internet www.rother.de · E-mail leserzuschrift@rother.de

Vorwort

Die Halbinseln der Chalkidiki und die Insel Thasos gelten zu Recht als Perlen der nordöstlichen Ägäis. Beide Regionen gehören zu den touristisch am besten erschlossenen Gebieten der griechischen Präfektur Makedonien. Dennoch findet der Wanderer abseits vom Touristenrummel Ruhe und Erholung. Die Chalkidiki, Heimat von Aristoteles, ist mit 3000 km² nach der Peloponnes die zweitgrößte Halbinsel Griechenlands. Ihre drei ins Mittelmeer ragenden Finger bieten Landschaften, die Griechenland sonst auf so engem Raum nicht hat: Flache Küstenebenen, sanfte Hügel, felsige Bergregionen.
Kassandra, der westlichste Finger, hat neben geschwungenen Formen endlose Sandstrände, Felder und Kiefernwälder. Während ihre »Berge« gerade 350 m Höhe erreichen, stoßen sie auf Sithonia, dem mittleren Finger, bis auf 750 m vor. Ihn prägen schroffe Landschaft und felsenumrahmte Buchten. Über 2000 m steigt der östlichste Finger, der Athos, an, bis heute selbstverwaltete »Mönchsrepublik«. Leider schließt dieser schönste Teil der Chalkidiki die Hälfte der Menschheit aus: Frauen ist das Betreten des Gebietes verboten. Männer kommen nach einer umständlichen Prozedur hinein.
Das Hinterland im Norden, touristisch kaum erschlossen, sehen die meisten als Durchgangsstrecke an. Aber der gut 1000 m hohe Holomondas bietet eine Menge: Olivenhaine prägen die flachere Landschaft, höher droben stehen flechtenbehangene, alte Steineichen, und Kiefern verströmen ihren typischen Duft. Von den Wegen oder Gipfeln fällt der Blick auf die tiefgrüne Landschaft und das türkisfarbene Wasser der Ägäis.
Neben Natur und Landschaft bestimmen die Region einige kultur- und sogar prähistorische »Highlights«: byzantinische Ruinen, orthodoxe Klöster oder die Höhle von Petralona mit dem 250.000 Jahre alten Menschenschädel.
Thasos, nördlichste der ägäischen Inseln und beliebtes Urlaubsziel, zeigt auf nur 400 km² Fläche verschiedenste Gesichter. Das gebirgige Inselinnere mit Gipfeln über 1000 m lädt ebenso zu Wanderungen ein wie die ebenen Küsten mit zahlreichen Buchten.
Wer nicht nur in der Sonne braten will, ist auf Chalkidiki oder Thasos genau richtig. Natürlich erschließt sich einem die Region besser auf zwei Beinen als auf vier Rädern. Daher lasse sich nicht von Griechen entmutigen, wer Kloster, Gipfel oder Strand »me ta podhia« – zu Fuß – erreichen will. Die Einheimischen werden ihn ungläubig beargwöhnen: sie gehen ungern zu Fuß, zum Spaß schon gar nicht. Die Touren geben ein Spektrum aller Regionen der Chalkidiki und von Thasos, mit landschaftlichen Schönheiten oder historischen Zeugen. Ihr Bogen spannt sich vom Spaziergang für Familien bis zu Gewalttouren. Einige Routen lassen sich zu längeren Tagestouren oder einer mehrtägigen Wanderung kombinieren, viele Vorschläge eignen sich auch hervorragend für Mountainbike-Touren.

Hamburg, im Frühjahr 2000　　　　　　　　　　　　　　　　　　Hartmut Engel

Inhaltsverzeichnis

Vorwort 5
Touristische Hinweise 8
Wandern auf der Chalkidiki und auf Thasos 16
Informationen und Adressen von A – Z 20

Kassandra 24
 1 Von Kriopigi nach Kassandrino 26
 2 Von Polihrono zum Schildkrötensee 28
 3 Von Pefkohori nach Paraskevi 30
 4 Von Paliouri zur Kirche Ag. Nikolaos 32
 5 Von Paraskevi nach Kassandrino 34
 6 Von Kassandrino nach Kassandria 38
 7 Von Kassandria nach Sani 40
 8 Von Camping Sani bis zum Sani Club 44
 9 Sani 46

Sithonia 48
10 Vourvourou 50
11 Von Vourvourou auf den Kostas 52
12 Von Sikia zur Taverna Panorama 56
13 Kalamitsi 60
14 Von Toroni nach Porto Koufos 62
15 Von Toroni nach Sikia 64
16 Von Toroni bis Porto Carras 66
17 Von Neas Marmaras auf den Kostas 70

Athos 74
18 An der Grenze zur Mönchsrepublik 76
19 Zum Klosterblick 78
20 Von Ouranopoli nach Koumitsi 80
21 Von Nea Roda nach Koumitsi 84
22 Von Tripiti nach Xiropotamo 88
23 Ierissos 90
24 Hügelkamm im Süden von Ierissos 92
25 Amoliani 94
Hinweise für die Reise zum »Heiligen Berg« Athos 98
Routen am Athos 106

Der Norden der Chalkidiki 114
26 Kloster Ag. Anastasias 116
27 Von Nea Silata nach Petralona 118

28	Olinthos	120
29	Poligiros	122
30	Arnea	124
31	Stratoniko	126
32	Antikes Stagira	130

Thasos 132

33	Thasos Stadt	134
34	Über den Goldstrand nach Skala Potamias	136
35	Von Panagia nach Potamia	138
36	Aliki	142
37	Von Theologos nach Kastro	144
38	Von Limenaria nach Kastro	148
39	Von Limenaria nach Maries	152
40	Kallirachi	154

Stichwortverzeichnis 156

Touristische Hinweise

Zum Gebrauch des Wanderführers
Jeder beschriebenen Route sind die wichtigsten Informationen steckbriefartig vorangestellt. Es schließt sich eine Charakterisierung und die Beschreibung des Wegverlaufs an. Dort, wo dieser im Gelände ersichtlich ist, wurde der Text zugunsten der Stellen knapp gehalten, wo er nicht ohne weiteres ersichtlich ist. In die farbigen Wanderkärtchen sind die Routen eingetragen, außerdem Varianten zur Hauptroute. Alle Wanderziele, Orte und wichtigen Etappenziele weist der Index am Ende aus. Je eine Übersichtskarte auf der Umschlag-Rückseite und vor dem Tourenteil informiert über die Lage der Wanderziele.

Anforderungen
Die meisten Wanderungen verlaufen auf deutlich erkennbaren Pfaden sowie Forst- und Feldwegen, selten auf Asphaltstraßen. Trittsicherheit und Schwindelfreiheit sind nur in Ausnahmefällen gefragt, aber manche Touren erfordern eine gute bis sehr gute Kondition, besonders in der heißen Jahreszeit. Manch eine Tour, die in der kühleren Jahreszeit wie ein Spaziergang anmutet, kann die sengende griechische Sonne zu einer echten »Tortour« machen.
Markierungen oder Hinweisschilder finden sich in dem Gebiet eher selten. Zuweilen geht es nicht ohne gute Orientierung, will man sich im unübersichtlichen Gewirr von Brandschneisen, Feld- und Forstwegen nicht verlaufen. Wege durch Furten, deren Bäche oder Flüsse meistens ausgetrocknet sind, können nach heftigen Niederschlägen unpassierbar sein.
Um die unterschiedlichen Anforderungen der einzelnen Wanderungen besser einschätzen zu können, wurden die jeweiligen Tourennummern mit verschiedenen Farben markiert. Dabei bedeuten im einzelnen:

BLAU
Leichte Wanderung auf breiten Wegen, keine oder nur mäßig steile Abschnitte. Nicht mehr als 4 Std. Gehzeit, daher auch für Familien mit Kindern und konditionsschwache oder untrainierte Wanderer geeignet.

ROT
Mittelschwere Wanderung, stellenweise auch auf schmalen Pfaden, Orientierungssinn erforderlich. Wegen der Länge nicht für untrainierte Wanderer oder Familien mit kleineren Kindern geeignet. Gehzeit maximal 7 Std.

SCHWARZ
Diese Wanderungen sind vor allem wegen ihrer Länge nur für konditionsstarke und durchtrainierte Bergwanderer geeignet. Orientierungssinn ist unbedingt erforderlich, bei einigen Touren darüber hinaus Schwindelfreiheit und Trittsicherheit, sowie auf kurzen Passagen die Zuhilfenahme der Hände.

Anspruchslose Pflanzen bilden die typisch griechische Phrygana.

Anfahrt

Fast alle der in diesem Führer vorgeschlagenen Routen können mit Linienbussen erreicht werden, nur in ganz wenigen Ausnahmefällen ist eine Anfahrt mit dem PKW oder Taxi unumgänglich. In diesen Fällen helfen auch Einheimische, die Touristen gern in ihrem PKW mitnehmen. Auf der Chalkidiki verkehren Busse von Thessaloniki nach Kassandra, Sithonia und Athos. Hier werden alle wichtigen Orte bis zur Südspitze der jeweiligen Halbinsel angefahren. Diese Linien berühren auf ihrer Fahrt auch die meisten Orte auf dem Festland der Chalkidiki, von denen Wanderungen ausgehen. Auf Thasos besteht u. a. eine Linie, die vom Hauptort aus auf der Küstenstraße um die ganze Insel herumführt. Informationen zu Abfahrts- und Ankunftszeiten erhalten wir in den Hotels, Restaurants, Tankstellen oder auf Campingplätzen, an den Busbahnhöfen von Thessaloniki (Tel. 031/924444),

Schroffe Felsen und weiße Sandstrände bestimmen vielerorts das Bild.

Poligiros (Tel. 0371/22309), Arnea (Tel. 0372/22278), Nea Moudania (Tel. 0373/21228), Kassandria (Tel. 0374/22214) oder in den Fährhäfen von Thasos. Nicht alle Haltestellen sind ausgeschildert. Wenn der Bus kommt, muß man sich durch Winken deutlich bemerkbar machen, damit der Fahrer anhält. Normalerweise halten die Fahrer auch auf freier Strecke, wenn man darum bittet.

Gehzeiten
Die Zeitangaben im Tourensteckbrief beziehen sich auf die reinen Gehzeiten. Rast- oder Fotopausen sind nicht eingerechnet. Je nach Länge und Häufigkeit der Pausen muß man bei den meisten Wanderungen mit bis zu doppelten Zeiten rechnen. Generell werden die einzelnen Etappen- und die Gesamtgehzeit angegeben. Sie sind in der Regel auf eine Viertelstunde gerundet. Zur besseren Planung ist im Steckbrief auch der Höhenunterschied angegeben.

Ausrüstung
Da die meisten Touren über unbefestigte Wege führen, wird festes Schuhwerk mit griffiger Sohle vorausgesetzt. Vor allem im Sommer ist Sonnenschutz (Sonnencreme, evtl. Sonnenhut) unerläßlich, da wir auf vielen der vorgeschlagenen Wanderungen keinen Schatten finden. Je nach Jahreszeit und Witterungsbedingungen kann auch ein Regen-, Wind- und Kälteschutz

vonnöten sein. Besonders auf den längeren Touren darf ein Vorrat an Proviant, vor allem Flüssigkeit, nicht fehlen. Die Menge sollte so berechnet sein, daß sie auch dann ausreicht, wenn wir länger als vorgesehen unterwegs sind, z. B. weil wir uns verlaufen haben. Für die Besichtigung von Klöstern gelten oft besondere Kleidervorschriften: Frauen benötigen lange Röcke und die Schultern müssen bedeckt sein, Männer dürfen viele Klöster nicht in kurzen Hosen betreten.

Gefahren
Die meisten Wanderungen folgen guten, deutlichen Wegen und kommen über eine Höhe von 500 m nicht hinaus. Bei besonderen Schwierigkeiten wird im Text darauf hingewiesen. Die größte Gefahr besteht wohl darin, sich zu verlaufen. Wegmarkierungen oder Hinweisschilder sind äußerst selten. Dort, wo sie vorhanden sind, kann man nicht sicher sein, ob sie auch in die richtige Richtung weisen oder ob ein Mitbürger einfach nur seinen »Spaß« haben wollte und die Schilder umgestellt hat. Wege sind oftmals nicht von Brandschneisen zu unterscheiden, die in den letzten Jahren in großer Zahl in die von den Brandkatastrophen der Vergangenheit verschonten Wälder geschlagen wurden und immer noch werden. Darüber hinaus sind sämtliche im Handel erhältliche Karten ungenau und teilweise falsch. Karten für Wanderer zur Orientierung im Gelände gibt es überhaupt nicht. Dichter Nebel, der die Orientierung erschwert, ist äußerst selten. Rechnen muß man aller-

Nur selten findet man so vorbildlich markierte Wanderwege.

dings zu jeder Jahreszeit mit Gewittern, die im freien Gelände immer die Gefahr von Blitzschlag bergen. Ein gewisses Risiko bringen ebenso die häufigen Waldbrände in der Region mit sich. Es versteht sich von selbst, daß man Wanderungen in der weiteren Umgebung von Gebieten, in denen es brennt, unterläßt. Stellenweise häufig sind freilaufende Hunde, die Fremde verbellen. Eine echte Gefahr stellen sie in der Regel aber nicht dar. Die Hunde fürchten Steinwürfe sehr und ergreifen meist schon die Flucht, wenn man sich nach einem Stein bückt.

Beste Jahreszeit
Chalkidiki und Thasos sind Ziele, wo man das ganze Jahr über wandern kann. Am angenehmsten ist es aber von Mitte März bis Mitte Juni, dann wieder im September und Oktober. Besonders das Frühjahr, wenn das Land im frischen Grün erstrahlt und überall Wildblumen blühen, bietet sich für einen Wanderaufenthalt an. Im Hochsommer muß man die Wanderungen oft auf die kühleren Morgen- und Abendstunden beschränken. Der Herbst zeigt sich meist sonnig mit angenehmen Temperaturen. Von November bis Mitte März muß man mit viel Regen und manchmal sogar Schnee rechnen. Leider haben viele touristische Einrichtungen, u. a. Unterkünfte, ihre Pforten nur während der Hochsaison von Juni bis Anfang September geöffnet. Während der übrigen Zeit ist es nicht unwahrscheinlich, daß wir vor verschlossenen Türen stehen. Manche Orte wirken in dieser Zeit wie ausgestorben.

Bienenkörbe auf Thasos.

Nach der Wanderung kann man sich in Tavernen erfrischen.

Einkehr und Unterkunft

In den meisten Orten gibt es Kafenia (griechische Cafés) und Tavernen (einfache Restaurants), wo wir typisch griechische Speisen erhalten. In den Küstenregionen verbreitet sind die Fischtavernen. Hier werden schmackhafte einheimische Fischgerichte angeboten. Essen und Getränke sind in den Orten, die etwas abseits vom Tourismustrubel liegen, noch sehr preiswert. Wildcampen ist auf der Chalkidiki und auf Thasos überall verboten. Bereits bei der Anfahrt wird mit großen Tafeln darauf hingewiesen. Das Angebot an Campingplätzen ist sehr groß und vielfältig. In vielen Orten werden Privatzimmer oder Hotelbetten angeboten, die besonders außerhalb der Saison oft sehr preiswert sind.

Natur- und Umweltschutz

Obwohl in den letzten Jahren in Griechenland eine Reihe von Aufklärungsmaßnahmen und Projekten zum Natur- und Umweltschutz initiiert wurden, spielt dieses Thema im Bewußtsein der griechischen Bevölkerung leider immer noch keine große Rolle. Weder öffentliche Stellen noch Privatpersonen scheinen sich um die Erhaltung von Natur und Landschaft zu kümmern. Augenscheinlich wird dieses Dilemma u. a. bei den vielen offiziellen oder wilden Müllkippen, die mitten in der schönsten Wildnis dem Naturliebhaber ein Dorn im Auge sind und an vielen Stellen die Landschaft verschandeln. Plastiktüten und -flaschen sowie anderer Wohlstandsmüll an Stränden, in Feld oder Wald gehören fast schon zum griechischen Landschaftsbild. Um so wichtiger ist es, daß wir mit gutem Beispiel vorangehen und nichts außer unseren Fußabdrücken in der Landschaft zurücklassen. Daß wir auf Pflanzen und Tiere Rücksicht nehmen und sie in ihrem Lebensraum belassen, versteht sich von selbst. Die Unsitte, eine lebende Schildkröte oder andere »exotische« Tiere als Andenken mit nach Hause zu nehmen, ist leider immer noch verbreitet. Wer damit vom deutschen Zoll erwischt wird, muß mit hohen Strafen rechnen, da diese Tiere durch internationale Verträge streng geschützt sind. Und noch ein Hinweis an die Raucher unter uns: Werfen Sie wegen der extremen Brandgefahr keine brennenden Kippen weg. Ebenso ist das Entzünden von offenem Feuer tabu.

Karten

Topographische Karten, die zum Wandern geeignet sind, gibt es weder für die Chalkidiki noch für die Insel Thasos. Die angebotenen Karten enthalten Geländeformen nur unzureichend und Höhenlinien gar nicht. Die Lage von Straßen und Wegen sind häufig ungenau oder sogar falsch eingezeichnet. Viele, auch größere Wege fehlen in den Karten ganz. Dies gilt insbesondere für die Feld- und Forstwege, die so gut wie nie eingezeichnet sind. Dafür zieren andere Wege die Karten, die man im Gelände dann vergeblich sucht. Auch Flüsse, Berge oder andere Orientierungsmerkmale fehlen ganz oder sind verkehrt eingezeichnet. Dies gilt z. T. ebenso für Ortschaften. Die im Handel erhältlichen Karten eignen sich daher allenfalls zur großräumigen Orientierung mit dem PKW.

Die Grundlage der jedem Tourenvorschlag beigefügten Detailkärtchen im Maßstab 1 : 50.000 bildet die Chalkidiki-Karte von Freytag & Berndt, die im Maßstab 1 : 200.000 vorliegt und trotz ihrer vielen Mängel noch zu den besseren Kartenwerken gehört. Die Detailkärtchen sollen bei der Orientierung vor Ort über die schlechte Kartensituation hinweghelfen. Man darf aber nicht vergessen, daß auch sie nur aus zusammengetragenen Informationen und den Ergebnissen der Recherchen zu diesem Führer zusammengestellt werden. Verläßliche topographische Informationen können sie daher nicht in jedem Fall liefern.

Schreibweisen

Das griechische Alphabet unterscheidet sich von unserem lateinischen grundlegend. Es gibt zwar gewisse Regeln, wie man ein griechisches Wort mit unseren Buchstaben zu schreiben hat, dennoch sind diese nicht immer eindeutig und lassen oft mehrere Möglichkeiten zu. Das hat teilweise zu einem regelrechten Wirrwarr bei der Schreibweise einzelner Begriffe geführt. Ich habe mich daher bei der Schreibweise im wesentlichen an die oben erwähnte Karte von Freytag & Berndt gehalten. Man darf sich also nicht wundern, wenn in anderen Publikationen diverse Möglichkeiten verwendet werden und Begriffe wie Thasos z. B. mit einem doppelten »s« oder etwa Poligiros mit »y« geschrieben werden.

Fischer auf Thasos beim Flicken des Netzes.

Wandern auf der Chalkidiki und auf Thasos

Geographisches
Die Chalkidiki liegt im südöstlichen Teil der nordgriechischen Provinz Makedonien. Die Halbinsel hat eine Fläche von fast 3000 km². Sie ist 110 km lang, 92 km breit und hat eine Küstenlänge von über 500 km. Im Süden verzweigt sich die Halbinsel in die drei kleineren Halbinseln Kassandra, Sithonia und Athos. Diese geben ihr die charakteristische Form, die an einen Dreizack erinnert. Im Norden der Halbinsel zieht sich in einem langen Bogen ein Gebirgszug von West nach Ost. Höchste Erhebung ist hier der Hortiatis (1201 m), der nur wenige Kilometer östlich von Thessaloniki liegt. Nach Osten hin wird der Gebirgszug dann flacher und erreicht nur noch Höhen von gut 800 m. Höchste Erhebung der Chalkidiki ist mit 2030 m der kegelförmige Berg Athos auf der gleichnamigen Halbinsel.

Thasos ist die nördlichste griechische Insel. Sie liegt an der Grenze zwischen den Provinzen Makedonien und des an die Türkei angrenzenden Thrakien, nur etwa 10 km vom Festland entfernt. Sie ist 380 km² groß und hat eine Länge von 25 km und eine Breite von 20 km. Im Zentrum der Insel, die vulkanischen Ursprungs ist, türmen sich Gebirgszüge auf, die ihren größten Gipfel mit dem 1204 m hohen Ipsari haben.

Fauna und Flora
Sowohl auf der Halbinsel Chalkidiki als auch auf der Insel Thasos finden wir eine reichhaltige, typische Mittelmeerfauna vor. Groß ist die Arten- und Individuenzahl bei den Wirbellosen.

Heuschrecken, Schmetterlinge, Käfer und Libellen, um nur einige Insektengruppen zu nennen, finden hier ideale Lebensräume. Wer mit offenen Augen und Ohren durch die Landschaft geht, kann eine Fülle von Kleinlebewesen entdecken, die in den gemäßigteren Klimaten nicht vorkommen. Besonders augenfällig ist der Unterschied bei den Reptilien: Eidechsen, Schleichen, Geckos, Schlangen, Sumpf- und Landschildkröten trifft man allerorten. Sogar eine Art der eigentlich in Asien verbreiteten Agamen ist bis in die Chalkidiki vorgedrungen. In feuchteren Lebensräumen sind Amphibien stellenweise noch häufig. Dort kann

Waiwaiki.

Männchen der bis zu 40 cm lang werdenden Smaragdeidechse.

man in der Dämmerung das eindringliche Knarren von Laubfröschen hören, und Kreuz- und Wechselkröte sind nicht selten. Bei den Vögeln sind es vor allem die nachtaktiven Arten, die mit ihren nächtlichen Rufen auf sich aufmerksam machen. Arm ist dagegen die Säugerfauna. Großsäuger sind alle ausgerottet. Was noch bleibt sind Haustiere und deren verwilderte Artgenossen. Allerdings gibt es noch eine Reihe von kleineren, vornehmlich nacht- oder dämmerungsaktiven Säugerarten. Zu ihnen gehören auch die Fledermäuse, die man gegen Abend beim Beutefang beobachten kann.

Als Vegetationsformen kommen, vereinfacht gesprochen, vor allem drei Haupttypen vor: Kulturland, Wald und Phrygana. Sowohl auf der Chalkidiki als auch auf Thasos werden Getreide, Gemüse und Melonen angebaut sowie Weidewirtschaft betrieben. Einen großen Raum nehmen Ölbaumplantagen ein, die ein wichtiger Wirtschaftsfaktor sind. Stellenweise wird Wein und Tabak angebaut sowie Waiwaiki, aus deren Samen man einen baumwollähnlichen Grundstoff gewinnt. Die Wälder werden vor allem aus verschiedenen Kieferarten, wie z.B. der Aleppokiefer, deren Harz als Zusatz im Retsina verwendet wird, gebildet. Aber auch Laubbäume spielen eine große Rolle. Steineichen, Kastanien und Platanen bestimmen mancherorts das Landschaftsbild. Weit verbreitet ist die typisch griechische Phrygana, die in Frankreich als Garigue, in der Levante als Batha und in Spanien als Tomilla-

Halbinsel Aliki auf Thasos.

res bekannt ist. Anders als die Macchie, die von einem undurchdringlichen Geflecht aus 2 bis 4 m hohen Bäumen und Büschen besteht, wird die Phrygana von bis zu 1 m hohen Büschen und Sträuchern gebildet. Sie macht sich überall dort breit, wo der ursprüngliche Wald vernichtet wurde und Landwirtschaft nicht möglich ist. Hier können nur Pflanzen gedeihen, die extreme Temperaturen standhalten und anspruchslos bei der Wasserversorgung sind. Dazu gehören Heiden, Ginster und viele aromatische Gewürzpflanzen, die der Gegend ihren typischen Geruch verleihen, wie z. B. Thymian, Salbei, Rosmarin oder Minze.

Geschichte

Heute weiß man, daß die Chalkidiki bereits in frühester Zeit besiedelt gewesen ist. Besonderes Aufsehen erregte der Fund eines mehrere 100.000 Jahre alten Menschenschädels in der Höhle von Petralona. Etwa 3000 Jahre v. Chr. entwickelten sich die ersten Siedlungen in diesem Gebiet. Bedingt durch die Gebirge im Norden und die Ägäis auf den übrigen Seiten, war der chalkidische Siedlungsraum lange Zeit isoliert. Erst etwa 800 v. Chr. kamen Siedler aus der Stadt Chalkis (daher auch der Name Chalkidiki) von Euböa in die Gegend und gründeten eine Kolonie. Während der Zeit Philipps II. und Alexander des Großen erlebt auch die Chalkidiki eine Blüte. So wird z. B. Olynth zu einer bedeutenden Großstadt. Nach Alexander kamen die Römer, und nach deren Niedergang fiel aufgrund der Teilung des Römischen Reiches Makedonien dem Ostreich, dem späteren Byzanz, zu. Anfang des 19. Jahrhunderts lehnen sich die Griechen gegen die türkische Herrschaft auf. 1833 wird Athen Hauptstadt, und ab 1863 regiert Prinz Wilhelm von Dänemark als Georg I. das Königreich Griechenland. In der Folgezeit kommt es immer wieder zu Kriegen mit der Türkei, die 1922 mit einer Niederlage enden, als die Griechen versuchten, Istanbul und Kleinasien zu erobern.

Ein Jahr später kommt es dann zum historischen Vertrag von Lausanne, wo die gegenseitigen Gebietsansprüche festgeschrieben wurden und ein Bevölkerungsaustausch vereinbart wurde. Eine halbe Million Türken gingen in ihr Mutterland zurück, und mehrere hunderttausend Griechen aus Kleinasien ließen sich in Makedonien nieder. Aus dieser Zeit stammen viele der heutigen Siedlungen auf der Chalkidiki. Nach dem Staatsstreich des Militärs von 1967 erlebt das Land eine Militärregierung. Mit der Volksabstimmung 1975 wird Griechenland schließlich parlamentarische Republik.

Ankunft auf Thasos

Informationen und Adressen von A – Z

Anreise

- Flugzeug: Die schnellste und möglicherweise preiswerteste Lösung. Für die Chalkidiki bietet sich der Flughafen von Thessaloniki an. Von dort mit Bus oder Mietwagen in 1 bis 3 Std., je nach Zielort, auf die Chalkidiki. Für Thasos bietet sich der Flughafen von Kavala an. Von dort mit der Fähre auf die Insel. Besonders im Sommer zahlreiche Direktflüge (Charter) nach Thessaloniki und Kavala von vielen deutschen Flughäfen.
- Auto: Prinzipiell gibt es zwei Möglichkeiten: Über den Landweg durch das ehemalige Jugoslawien oder über Italien und dann von verschiedenen Häfen mit der Fähre nach Griechenland. Auch wenn schon wieder einige Individualisten über die Strecke durch das vom Bürgerkrieg gebeutelte ehemalige Jugoslawien gefahren sind, ist dieser Weg derzeit noch nicht zu empfehlen. Es bleibt die Anfahrt über Italien. Fähren fahren von Triest, Venedig, Ancona, Bari und Brindisi nach Igoumenitsa oder Patras.
- Bahn: Zugverbindung München – Innsbruck/Salzburg – Belgrad – Thessaloniki (33 Std.); München – Budapest – Thessaloniki (45 Std.).
- Bus: Die Deutsche Touring GmbH (Tel. 069/790350), die zur Deutschen Bahn gehört, bietet eine Busverbindung über Italien nach Thessaloniki und Kavala an. Abfahrt in Deutschland von zahlreichen Orten am Samstag, Ankunft in Thessaloniki am Montag gegen 16 Uhr, in Kavala gegen 20 Uhr. Fahrpreise von Orten in Deutschland nach Thessaloniki DM 320,- (Hin- und Rückfahrt) und nach Kavala zusätzlich DM 60,- (Hin- und Rückfahrt).

Auskunft

Griechische Zentrale für Fremdenverkehr GNTO in:
- D-60311 Frankfurt/Main, Neue Mainzer Str. 22, Tel. 069/236561/2/3, Fax 069/236576.
- A-10105 Wien, Opernring 8A, Tel. 01/ 5125317/8, Fax 01/5139189.
- CH-8001 Zürich, Löwenstr. 25, Tel. 01/2210105, Fax 01/2120516.
- Büro in Thessaloniki: 34, Mitropoleas Str., 54623 Thessaloniki, Tel. 031/222935, Fax 031/265504.
- Büro in Kavala: 5, Filelinon Str., 65302 Kavala, Tel. 051/228762.

Camping

Wildes Campen ist überall verboten. Es gibt aber sowohl auf der Chalkidiki als auch auf Thasos genügend private oder staatliche Campingplätze.

Diebstahl

Griechenland ist, was die Kriminalität angeht, ein sehr sicheres Reiseland. Dies gilt vor allem für die ländlichen Gebiete, in denen der Tourismus noch keinen Einzug gehalten hat. Hier existiert das Problem des Diebstahls kaum.

Dennoch sollte man keine Wertgegenstände im Auto oder anderswo unbeaufsichtigt zurücklassen.

Feste

Auf der Chalkidiki und auf Thasos werden praktisch das ganze Jahr über Feste gefeiert, allerdings gehäuft im Juli und August. Informationen bekommt man vor Ort oder in den Touristenbüros. Die Feiertage werden oft zu einem rauschenden Fest. Dies gilt besonders für das Osterfest, das vielerorts noch traditionell griechisch-orthodox gefeiert wird. Gäste sind auf den Festen immer willkommen. In Griechenland gibt es folgende landesweite Feiertage: 1. Januar, 6. Januar, 25. März, Ostern (Datum später als bei uns), 1. Mai, Pfingsten (siehe Ostern), 15. August, 28. Oktober, Weihnachten.

Marterlhäuschen

Klima

In der folgenden Tabelle ist die Durchschnittstemperatur in °C sowie die durchschnittliche Regenmenge in mm für Thessaloniki angegeben:

Monat		1	2	3	4	5	6	7	8	9	10	11	12	Jahr
Temperatur	°C	6	7	10	15	20	24	26	26	22	17	12	8	16
Niederschlag	mm	30	35	44	24	50	34	30	19	30	30	44	57	423

Notruf

Es gibt keinen Bergrettungsdienst. Polizei Tel. 100, Feuerwehr Tel. 199, Pannenhilfe Tel. 104.

Telefon

Landesvorwahl für Griechenland: 0030. Danach wird die Ortsvorwahl ohne die führende Null gewählt und anschließend der Teilnehmer. Aus Griechenland erreicht man einen Teilnehmer in Deutschland mit der Landesvorwahl 0049, in Österreich mit der 0043 und in der Schweiz mit der 0041.

Zeit

In Griechenland gilt die Osteuropäische Zeit, die unserer Zeit um 1 Std. voraus ist. Ist es in Deutschland, Österreich oder der Schweiz 12 Uhr, dann ist es in Griechenland schon 13 Uhr.

Kassandra

Die Halbinsel Kassandra ist der westlichste der drei Finger der Chalkidiki. Sie ist mit dem Festland bei Potidea durch einen engen Isthmus (Landenge) verbunden. Um 300 v.Chr. wurde hier von König Kassandros, dem Gründer Thessalonikis, ein Kanal gegraben, der noch heute in Gebrauch ist. Nach Kassandros, der die von Phillip II. zerstörte Stadt wieder aufbauen ließ, wurde die Halbinsel benannt und nicht, wie viele meinen, nach der antiken Seherin Kassandra.

Über viele Jahrhunderte hinweg war Kassandra nur dünn besiedelt. Anfang des 20. Jahrhunderts siedelten sich viele Flüchtlinge aus der Türkei auf der Halbinsel an. Einige Ortsnamen, wie Nea Potidea, Nea Skioni oder Nea Fokea zeugen noch von der (Rück-)Wanderung aus Kleinasien, das in der Antike »Graecia Magna« hieß. Heute ist die Halbinsel die am dichtesten besiedelte und touristisch am besten erschlossene Gegend der Chalkidiki. Besonders an der Ostküste zwischen Kallithea und Pefkohori reiht sich eine Hotelanlage an die andere. Hier sind viele der Küstendörfer zu reinen Touristenorten geworden, die mehr oder weniger nahtlos ineinander übergehen und im Winter Geisterstädten gleichen. Wer auf Kassandra relativ ursprüngliche Orte besuchen will, muß sich schon zu den kleinen Bergdörfern wie Kassandrino oder Paraskevi aufmachen. Dennoch hat die Halbinsel noch viel von ihrem alten Reiz erhalten. Dies gilt insbesondere für das hügelige, mit Kiefern bewachsene Landesinnere. Hier kommen Touristen kaum hin. Auch der Süden der Halbinsel ist touristisch kaum erschlossen und zum Wandern ideal.

Der Norden der Halbinsel präsentiert sich eher flach. Erst zum Süden hin ragen Hügel bis zu einer Höhe von 350 m auf. Die Küsten sind flach und bieten zahllose, feine Sandstrände. Weite Teile Kassandras sind dicht bewaldet. Pinien- und Kiefernwälder wechseln mit Olivenhainen und Getreidefeldern ab. Der Boden ist fruchtbar, neben Getreide, Oliven und Gemüse wird eine Pflanze angebaut, aus deren Samen ein der Baumwolle vergleichbares Material gewonnen wird. Auch die Produktion von Honig spielt eine gewisse Rolle. Haupteinnahmequelle der Bewohner ist inzwischen aber der Tourismus geworden.

Wegen der frühen Besiedelung bietet die Halbinsel auch dem an Altertümern interessierten Touristen einiges Sehenswertes. Da sind z. B. der mehr als 2000 Jahre alte Kanal von Potidea und die Ruinen eines Kastells im gleichen Ort, oder der 1407 erbaute Turm von Nea Fokea, der einst den Mönchen vom Athos gehörte. Auch Sani hat einen historischen Turm zu bieten, der sogar zum Wahrzeichen der Stadt gemacht wurde.

Erschlossen ist die Halbinsel durch eine asphaltierte Küstenstraße, die lediglich die Südspitze und den Westteil der Nordküste ausläßt. Ins Landesinnere auf den zentralen Höhenkamm führen Schotterpisten, die oft nur für gelände-

Paraskevi.

gängige Kraftfahrzeuge zu befahren sind. Dennoch müssen Wanderer hier in seltenen Fällen mit Autos rechnen. Diese Begegnungen sind wegen der mächtigen Staubfahne, die die Autos hinter sich herziehen, für Fußgänger immer unangenehm.

1 Von Kriopigi nach Kassandrino

Durch Feld und Wald von der Küste zu einem einsamen Bergdorf

Kriopigi – Kassandrino

Ausgangspunkt: Nördlicher Ortsrand, von der Hauptstraße rechts, unmittelbar vor KaOil-Tankstelle (Bushaltestelle).
Endpunkt: Dorfplatz in Kassandrino.
Gehzeiten: Kriopigi – Kassandrino 1½ Std., Rückweg 1½ Std.; Gesamtzeit 3 Std.
Höhenunterschied: Im Anstieg 70 m, im Abstieg 90 m.
Anforderungen: Einfache Wanderung auf Feld- und Forstwegen.
Einkehr: In Kassandrino Tavernen, Lämmer und Ziegen am Spieß (sonn-/feiertags).
Variante: Weiterweg nach Süden, dann Osten durch Kiefernwald, steil bergauf (markiert). Über Kamm zur Busstation an der Straße nach Polihrono (1½ Std.)
Weiterweg nach Westen über Fourka nach Kassandria, Busstation (siehe Route 6).

Die Wanderung führt vom kleinen Küstenort Kriopigi durch eine Landschaft mit Getreidefeldern, Wäldern und einem malerischen Tal zu dem Bergdorf Kassandrino, das noch viel von seiner Ursprünglichkeit bewahrt hat.
Wir starten an der Hauptstraße in **Kriopigi** und gehen an der KaOil-Tankstelle in den alten Ortskern hinein. Nach etwa 100 m gehen wir an der Kirche, wo

Kassandrino.

sich der Weg gabelt, rechts steil bergauf, vor Haus mit muschelbesetzter Treppe links und sofort wieder rechts, und bald lassen wir die letzten Häuser hinter uns. Der Blick zurück auf Kriopigi und den blauen Golf lohnt sich. Die Asphaltstraße geht in einen Schotterweg über, und kurz darauf würde die Abzweigung rechts in den Hauptort Kassandria führen. Wir aber gehen hier links. Auch ohne die Wandermarkierungen können wir uns hier eigentlich nicht verlaufen. An der nächsten Gabelung gehen wir nach rechts. Etwa 100 m weiter kommen wir an eine **kleine Kapelle**. Der Weg führt durch Felder und mit Kiefern durchsetzte Olivenhaine. Gut 10 Min. nach der Abzweigung kommen wir in einen Wald, die höchste Stelle, ab hier geht es wieder abwärts. Wir bleiben auf dem Hauptweg, der Wald wird lichter. Bald kommen wir an eine größere **Sandabbaustelle**, und es werden noch mehr. Wir wandern nun durch ein liebliches, breites Tal, dessen Hänge bewaldet sind. Wer Lust hat, kann sich hier ein schattiges Plätzchen zum Rasten suchen: Hinter dem Tal liegt das Ziel. Am Ende des Tales gehen wir gerade über die Kreuzung 100 m weiter bis zur Teerstraße. Hier gehen wir rechts. Bald liegt links eine Wasserstelle, und wenig später, hinter einer scharfen Linkskurve, blicken wir von oben auf **Kassandrino**. Bis zum Dorfplatz mit Bushaltestelle und öffentlichem Telefon liegt nur ein kurzer Weg.
Zurück geht es auf demselben Weg oder über die Varianten. Fußmüde können den Bus nehmen, allerdings nicht direkt zwischen den beiden Orten.

2 Von Polihrono zum Schildkrötensee

Rundwanderung zu einem idyllischen Waldsee mit Sumpfschildkröten

Polihrono – Schildkrötensee – Polihrono

Ausgangspunkt: Straßenkreuzung in Polihrono (Bushaltestelle in der Nähe).
Endpunkt: Wie Ausgangspunkt.
Gehzeiten: Polihrono – Schildkrötensee 1½ Std., Schildkrötensee – Polihrono 1 Std.; Gesamtzeit 2½ Std.
Höhenunterschied: 270 m.
Anforderungen: Einfache Wanderung auf Feld- und Forstwegen, teilweise steile An- und Abstiege.
Einkehr: Mehrere Tavernen und Cafes in Polihrono.

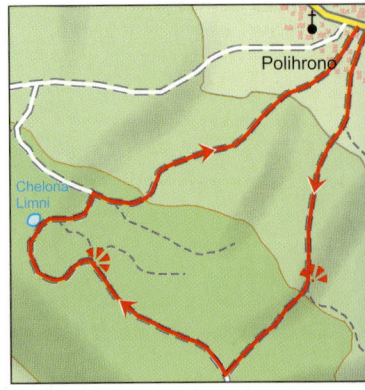

Der Weg führt über Feld- und Forstwege ins Innere der Halbinsel auf einen Ausläufer des Höhenkamms, der die Halbinsel im Süden durchzieht. Von den Hängen haben wir einen schönen Blick auf den Ort, der mit seinen roten Dächern einen schönen Kontrast zum tiefblauen Meer dahinter bildet. Der Schildkrötensee (griech. »chelona Limni«) ist für Naturliebhaber ein absolutes Muß, weil man hier in freier Natur u. a. die selten gewordenen Sumpfschildkröten beobachten kann.

Die Wanderung beginnt an der großen **Straßenkreuzung** in Polihrono. Hier führt eine schmale Asphaltstraße steil aufwärts. Das **Schild »Turtles«** weist uns den richtigen Weg. Nach etwa 300 m geht der Asphalt in Schotter über und die Häuser enden. Wir wandern nun zwischen Olivenbäumen und Getreidefeldern an einer kleinen, roten **Kapelle** vorbei. Etwa 10 Min. später geht links ein Weg ab. Hier weist uns ein Schild (grüne Schildkröte auf blauem Grund mit der Aufschrift »Turtles«) nach rechts. Der Blick zurück auf Ort und Meer ist grandios.

Es geht weiter bergauf, und an einigen **Marterlhäuschen** und einer Wasserstelle vorbei erreichen wir kurz hinter einer scharfen Linkskurve den Wald. Weit unter uns liegt nun das tiefblaue Meer. Etwa 200 m weiter müssen wir aufpassen. Hier verzweigt sich der Weg. Geradeaus weiter führt er abwärts, rechts herum geht es steil aufwärts. Wir wählen hier den rechten, aufwärts führenden Weg. An der nächsten Gabelung halten wir uns wieder rechts, und wenig später haben wir einen Weg erreicht, der vom Höhenkamm kommt. Auf dem jetzt sehr breiten, unbefestigten Weg gehen wir nach rechts und gelangen bald an eine etwas unübersichtliche **Wegkreuzung**, wo wir scharf links abbiegen. Von hier oben können wir nochmals wunderbar auf das Meer blicken. Wir folgen dem Weg nun abwärts, und nach einer scharfen Rechtskurve und einem steilen Abstieg stehen wir unvermittelt vor dem **Schildkrötensee**, der von hohen, dicht mit Schlingpflanzen bewachsenen Bäumen gesäumt wird. Auf den einfachen Holzbänken können wir uns von dem Anstieg erholen und das Treiben im Weiher beobachten.

Für die **Rücktour** gehen wir den Weg weiter abwärts. Den gleich hinter dem See rechts aufwärts führenden Weg ignorieren wir. Bald endet unser Weg. Ein **Hinweisschild** auf der gegenüberliegenden Seite weist uns rechts abwärts. Kurz darauf zweigt rechts ein weiterer Weg ab. Es geht nun steil bergab. Von Zeit zu Zeit finden wir Markierungen für Wanderer. Etwa dort, wo der Wald wieder endet, treffen wir auf eine kleine, **weiße Kapelle**. Von hier haben wir einen wunderbaren Blick auf den Norden Kassandras und das Meer. Und weil wir nun schon so viel Schildkröten gesehen haben, fällt uns gleich auf, daß die Insel N. Kelifos, die vor Sithonia in Höhe von Neas Marmaras liegt, einer Schildkröte ähnelt. Deshalb wird sie Schildkröteninsel genannt.

Der Weg windet sich nun steil abwärts und verläuft für eine Strecke nochmals im Wald. Wir verlassen diesen unmittelbar oberhalb des Ortes. Wenig später endet unser Weg. Wir gehen dort rechts und 20 m weiter schon wieder links in einen Sandweg. Jetzt ist es nur noch eine kurze Strecke, bis wir wieder an die **Hauptstraße** gelangen. Dort wenden wir uns nach rechts und sind 100 m weiter wieder am Ausgangspunkt.

Sumpfschildkröten beim Sonnenbad.

3 Von Pefkohori nach Paraskevi

Hinauf auf den zentralen Höhenkamm zum Bergdorf Paraskevi

Pefkohori – Paraskevi

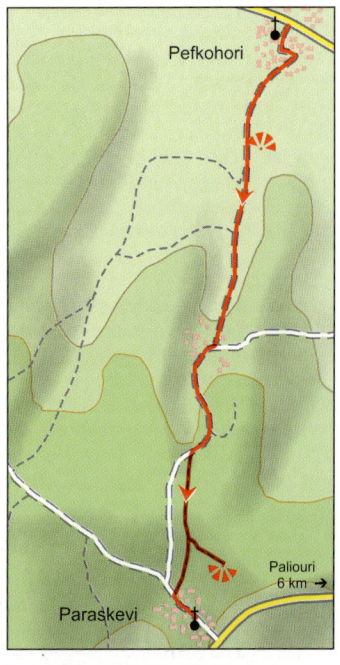

Ausgangspunkt: In Pefkohori an der Hauptstraße an einer Kreuzung mit Ampel an der KaOil-Tankstelle (Bushaltestelle in der Nähe).
Endpunkt: Zentrum von Paraskevi mit Bushaltestelle.
Gehzeiten: Pefkohori – Aussichtshügel 1 Std., Aussichtshügel – Paraskevi ¼ Std.; Gesamtzeit 1¼ Std.
Höhenunterschied: 200 m.
Anforderungen: Einfache Wanderung auf Asphaltstraße.
Einkehr: In Pefkohori und Paraskevi Tavernen und Kafenia.
Hinweis: Pefkohori ist Ausgangspunkt des Höhenweges, der auf dem zentralen Höhenkamm weiter bis nach Kassandrino verläuft (siehe Tour 5).

Die Wanderung führt von dem Küstenort Pefkohori an der Ostseite Kassandras aufwärts auf den zentralen Höhenkamm, der die Kassandra in Längsrichtung durchzieht. Während des Anstiegs bieten sich uns schöne Blicke auf Pefkohori, den Golf von Kassandra und die dahinter liegende Halbinsel Kassandra. Kurz vor dem Ziel können wir über einen kurzen Abstecher einen Aussichtshügel erreichen, von dem aus wir einen spektakulären Blick in alle Richtungen genießen können. Besonders schön ist der Blick nach Westen, wo wir bei guter Sicht das gigantische Massiv des Olymp, des griechischen Götterberges, sehen können.

Wir starten unsere Tour an der **Hauptstraße** in Pefkohori an der Kreuzung mit Ampel nahe der **KaOil-Tankstelle.** Hier zweigt eine Straße Richtung »Local Medical Center« ab. Kurz hinter der Kreuzung gehen wir an der rechts liegenden **Kirche** vorbei weiter geradeaus, bis die Straße endet. Dort halten wir uns rechts und etwa 100 m weiter in einer Linkskurve erneut rechts. An der nächsten Gabelung gehen wir links. Etwa 100 m weiter erreichen wir eine

Pefkohori, vom Höhenweg aus gesehen.

Wasserstelle, die befestigte Straße geht nun in einen Schotterweg über. Wir gehen jetzt weiter aufwärts, kommen an einem **Marterlhäuschen** vorbei und an einer Holzbank, auf der wir uns für eine kurze Rast niederlassen können. Von hier haben wir einen guten Blick auf Pefkohori.
Gleich hinter der Bank passieren wir einen ehemaligen **Steinbruch**. Es geht weiter aufwärts. Wir bleiben auf dem Weg und ignorieren alle abzweigenden Seitenwege. Bald kommen wir an einigen Wohnhäusern vorbei, und kurz darauf endet der Weg. Wir gehen dort rechts und gelangen nur wenig weiter erneut an eine Abzweigung. Auch hier halten wir uns wieder rechts. Nach links führt der Weg hinauf zu einer im Bau befindlichen **Anlage zur Wasserversorgung**. Gut 5 Min. später zweigt nach links eine asphaltierte Straße ab, der wir folgen. Bald erreichen wir die ersten Häuser und eine Anhöhe, von der aus wir bereits Paraskevi sehen können.
Auf der Anhöhe verzweigt sich der Weg. Nach Paraskevi müssen wir rechts gehen. Es lohnt sich aber, hier zunächst einmal nach links zu gehen. Nach etwa 250 m kommen wir nämlich auf einen **Aussichtshügel**, von dem aus wir einen grandiosen Blick in alle Richtungen haben. Besonders faszinierend ist der Blick zum Olymp. Leider ist im Sommer die Sicht nur an wenigen Tagen wirklich klar, so daß wir das Massiv, wenn überhaupt, nur schemenhaft erkennen können.
Nachdem wir den Rundblick genossen haben, gehen wir die kurze Strecke wieder bis zur **Abzweigung** zurück und dort weiter Richtung Paraskevi. Etwa 200 m später treffen wir auf eine Straße, der wir nach links folgen. Rechts verläuft der Höhenweg weiter. Kurz darauf kommen wir an die ersten Häuser. Der Weihnachtsschmuck in den Straßen wird hier das ganze Jahr über nicht abgenommen. 5 Min. später stehen wir auf dem **zentralen Platz**, wo wir das Ziel der Wanderung erreicht haben.

4 Von Paliouri zur Kirche Ag. Nikolaos

Wanderung zur Ostspitze der Halbinsel Kassandra

Paliouri – Ag. Nikolaos – Paliouri

Ausgangs- und Endpunkt: In Paliouri an der Bushaltestelle.
Gehzeiten: Paliouri – Ag. Nikolaos 2 Std., Ag. Nikolaos – Paliouri 2 Std.; Gesamtzeit 4 Std.
Höhenunterschied: Jeweils 40 m für Hin- und Rückweg.
Anforderungen: Wanderung auf Asphalt-, dann Schotterstraße, z. T. ohne Schatten.
Einkehr: Unterwegs in einer Bucht der Avaton-Club mit Kafenion.
Variante: Rückweg über eine mehr im Landesinnern verlaufende Route. Wir müssen dafür etwa ¼ Std. mehr einplanen.
Hinweis: Mehrere Strände am Weg, deshalb Badesachen nicht vergessen.

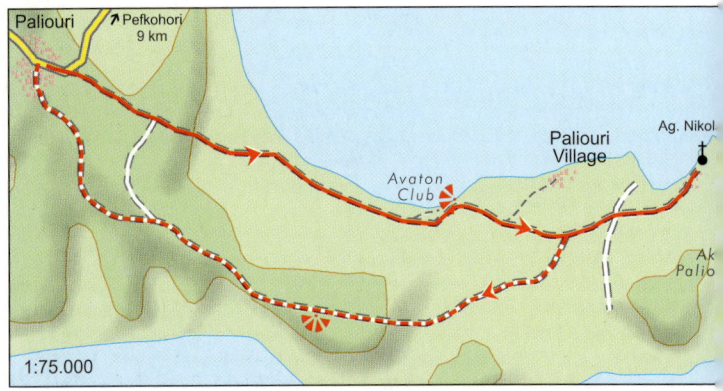

Zur kleinen Kirche am Kap Paliouri (Ostspitze der Halbinsel) gehen wir auf Teer (6 km) und Schotter durch Olivenhaine, Getreidefelder und Wälder. Startpunkt ist die **Bushaltestelle**, etwa 200 m nördlich der KaOil-Tankstelle, in Paliouri an der Hauptstraße. Wir gehen zunächst Richtung Tankstelle und biegen dahinter nach rechts von der Hauptstraße ab. Kurz darauf kommen wir an einer wilden **Müllkippe** vorbei. Gut 10 Min. später zweigt nach rechts eine Schotterpiste zur Westküste ab. Wir gehen hier weiter geradeaus.
Später zweigt nach links ein asphaltierter Weg ab, der in eine schöne Bucht führt. Hier liegt der Avaton Club. Wir jedoch folgen weiter der Straße nun in östlicher Richtung, und nach kurzer Zeit sind wir an der **Küste** oberhalb des Clubs. Von hier aus können wir sehr schön die langgestreckte Bucht sehen, an deren südlichem Ende der Club liegt. Wir gehen weiter und kommen in eine kleinere Bucht, in der vereinzelte Häuser stehen. Als nächstes zweigt links ein Weg nach **Paliouri Village** ab. Dieser kleine Ort liegt direkt am

Kirche Agios Nikolaos.

Strand. Wir gehen hier weiter geradeaus, immer noch dicht an der Küste. Gut 10 Min. später zweigt rechts ein Weg ab, der zurück nach Paliouri führt. Wir gehen weiter geradeaus, die Landschaft wird offener. Wir wandern durch lichte Olivenhaine und Gertreidefelder. Kurz vor dem Ziel gelangen wir an eine Kreuzung. Auf der linken Seite steht ein **Brunnen**. Hier gehen wir weiter geradeaus und kommen nach wenigen hundert Metern erneut ans Wasser.
Von hier aus können wir schon die kleine Kirche sehen, die malerisch auf einer Landzunge steht, welche am Ende einer Bucht in die Ägäis ragt. Wir gehen zunächst entlang der Bucht, in der einige Häuser stehen, zur **Kirche**. Die ist meist offen, so daß wir einen Blick ins Innere werfen können. Auf der Landzunge finden wir einen schönen Rastplatz, wo wir uns im Gras niederlassen können. Leider bietet er keinen Schatten. Der noch vor wenigen Jahren sehr schöne Strand hat in letzter Zeit durch herumliegenden Müll und Ausbaggerarbeiten viel von seiner Attraktivität eingebüßt.
Wer Lust hat, kann etwas weiter die **Schotterpiste** Richtung Süden gehen. Hier finden wir noch einige schöne Badestellen. Den **Rückweg** treten wir auf der gleichen Route an. Gut ½ Std. nach der Kreuzung mit dem Brunnen können wir als Alternative auch den links abzweigenden Weg wählen. Auch dieser bringt uns zurück nach Paliouri. Er verläuft etwas mehr im Landesinnern über einen Höhenkamm, von dem aus wir schöne Ausblicke auf den südlichen Teil der Halbinsel und die Ägäis haben.

5 Von Paraskevi nach Kassandrino

Wanderung entlang des zentralen Höhenrückens der Halbinsel
Paraskevi – Kassandrino

Ausgangspunkt: Paraskevi, Bushaltestelle
Endpunkt: Zentraler Platz von Kassandrino mit Bushaltestelle.
Gehzeiten: Paraskevi – beschilderte Kreuzung 1½ Std., beschilderte Kreuzung – Steinbruch 1 Std., Steinbruch – Kreuzungspunkt 1½ Std., Kreuzungspunkt – Rastplatz ¾ Std., Rastplatz – Pumpenhäuschen ½ Std., Pumpenhäuschen – Kassandrino ½ Std.; Gesamtzeit 5¾ Std.
Höhenunterschied: 100 m im Anstieg, 200 m im Abstieg.
Anforderungen: Schotterpisten am Höhenkamm, für Konditionsschwache oder Unerfahrene ungeeignet.
Einkehr: Am Ausgangs- und Endpunkt Tavernen.
Hinweis: Paraskevi von Pefkohori (Ostküste) zu Fuß erreichbar (siehe Tour 3). Von Kassandrino nach Kriopigi (Ostküste, Tour 1) oder nach Kassandria (Tour 6).
Anmerkung: Gehrichtung Süden – Norden: schönere Panoramen, Sonne im Rücken.
Varianten: Vom Höhenweg Stichwege hinab zu Küstenorten (Buslinie), Nea Skioni (Westen, 3 Std.) oder Hanioti (Osten, 3 Std.).

Der Wanderweg verläuft entlang des zentralen Höhenkamms, der sich längs durch Kassandra zieht. Er führt teilweise durch mehr oder weniger dichten Wald, durch schattenlose Phrygana und entlang von goldenen Getreidefeldern. Die aromatischen Gerüche nach wilden Kräutern sind vielfältig, und immer wieder haben wir fantastische Ausblicke zu beiden Seiten der Halbinsel. Angenehm ist auch, daß auf dem Kamm oft ein erfrischender Wind weht, so daß die Wanderung auch in der heißeren Tageszeit nicht unerträglich wird. Der Weg, der als K 4 bezeichnet wird, war einmal gut markiert. Inzwischen sind viele Schilder verschwunden oder demoliert.

Startpunkt ist der **zentrale Platz** des kleinen Ortes Paraskevi. Wir verlassen ihn auf der nach Norden hinausführenden asphaltierten Straße. Bald lassen wir die Häuser und den Weihnachtsschmuck, der in diesem Ort – wie in vielen anderen – das ganze Jahr über hängen bleibt, hinter uns. Wenig später zweigt rechts der **Wanderweg nach Pefkohori** ab. Etwa 50 m weiter gabelt sich die Straße. Rechts bleibt sie asphaltiert. Hier geht es weiter nach Pefkohori. Wir aber wählen den linken, geschotterten Weg. Es geht leicht aufwärts, und dem Zurückschauenden bietet Paraskevi ein schönes Bild.

Etwa 15 Min. nach dem Start kommen wir an eine **Abzweigung**, die links hinunter nach Loutra an die Westküste führt. Wir gehen weiter geradeaus

und haben immer wieder prächtige Ausblicke zu beiden Seiten Kassandras. Etwa 1000 m weiter zweigt nach links ein weiterer Weg nach Loutra ab, und kurz darauf geht es rechts ab nach Pefkohori. Die nächste Abzweigung rechts, etwa 10 Min. später, führt ebenfalls nach Pefkohori. 200 m weiter geht es links nochmals nach Loutra ab. ¼ Std. später kommen wir an einen eingezäunten **Olivenhain**. Gleich dahinter geht es links nochmals nach Loutra ab. Nächster markanter Punkt ist eine **größere Kreuzung**, die mit einem Wanderhinweis versehen ist. Hier geht es links nach Nea Skioni und rechts nach Hanioti. Die nächste Abzweigung, etwa 10 Min. weiter, führt links wieder nach Nea Skioni. Etwa 500 m weiter geht es rechts ab zu zwei kleineren Küstenorten. Der Wanderweg verläuft immer noch entlang des Höhenkammes, der hier mit dem 353 m hohen **Livadakia** seine größte Höhe

Mit zunehmendem Alter werden Ölbäume immer knorriger.

Paraskevi.

hat. Nach etwa 15 Min. erreichen wir eine Kreuzung, an der fünf Wege zusammenlaufen. Hier müssen wir den zweiten Weg links gehen. Hinter dem **Steinbruch** (rechts) geht es wieder rechts ab zur Westküste und kurz darauf links nach Nea Skioni. Der nächste Abzweig führt dann wieder rechts zur Ostküste. Etwa 50 m hinter dieser Abzweigung kommen wir an eine ausgeschilderte **Weggabelung**. Rechts geht es u. a. nach Polihrono und links weiter nach Kassandrino. Wir folgen der linken Route. Die nächste Stunde wandern wir weiter in nördlicher Richtung entlang des Kammes. Von Zeit zu Zeit zweigen links und rechts Wege zur Küste ab. An einem markanten **Kreuzungspunkt** endet unser Weg. Hier achtgeben: Wir müssen den zweiten Weg rechts wählen. In diese Richtung zeigt ein Hinweis Richtung **Ag. Anastasia**. Wir bleiben auf dem Kamm, der jetzt mehr in nördlicher Richtung verläuft. Rechts und links zweigen weiterhin Wege ab. Etwa ¾ Std. hinter dem Kreuzungspunkt erreichen wir an einem kleineren Betriebsgebäude zur Wasserversorgung einen kleinen **Rastplatz** mit einer Holzbank, von wo wir eine schöne Aussicht haben. Hier sollten wir den Blick nochmals aus der Höhe genießen, denn nun geht es langsam wieder abwärts.
Etwa 100 m weiter kommen wir an eine Kreuzung. Links geht es nach Mola Kaliva, halbrechts nach Kalandra und scharf rechts nach Kassandrino. Wir wählen die Richtung nach **Kassandrino**. Es geht nun abwärts. Nach ¼ Std. erreichen wir ein kleines **Pumpenhäuschen**. Kurz darauf, hinter einer Linkskurve an einem weiteren Pumpenhäuschen, taucht voraus Kassandrino auf. Nun ist es nicht mehr weit bis zum Ziel. Bald sind die ersten Häuser erreicht, und wir gehen an dem links liegenden **Friedhof** vorbei. Über eine **Brücke** erreichen wir eine Asphaltstraße, die uns nach knapp 500 m ins **Zentrum** des Ortes mit Bushaltestelle, Kirche und öffentlichem Telefon bringt.

6 Von Kassandrino nach Kassandria

Zu einer Wallfahrtskirche und weiter bis zum Hauptort von Kassandra

Kassandrino – Fourka – Wallfahrtskirche – Kassandria

Ausgangspunkt: Dorfplatz von Kassandrino an der Bushaltestelle.
Endpunkt: Zentrum von Kassandria mit Bushaltestelle.
Gehzeiten: Kassandrino – Fourka 1 Std., Fourka – Wallfahrtskirche ½ Std., Wallfahrtskirche – Kassandria 1 Std.; Gesamtzeit 2½ Std.
Höhenunterschied: 40 m.
Anforderungen: Einfache Wanderung, teilweise ohne Schatten.
Einkehr: In Kassandrino und Fourka Tavernen, in Kassandria mehrere Tavernen und Kafenia.

Vom einsamen Bergdorf Kassandrino führt der Weg über Fourka mit Bauernhäusern aus dem 19. Jh. nach Kassandria, dem Hauptort der Halbinsel. Den Höhepunkt bildet die Wallfahrtskirche Ag. Marina, die bei den Griechen sehr beliebt ist.

Wir starten in **Kassandrino** Richtung Norden – rechts ginge es nach Kriopigi – und kommen bald an eine

Brücke. Gleich hinter dem Flußbett rechts führt nochmals ein Weg nach Kriopigi. Wir aber bleiben auf der Straße links, die seit kurzem asphaltiert ist. Etwa 500 m weiter zweigt rechts eine Schotterstraße ab – sie ist eine gute Alternative für Wanderer, die auf direktem Weg und ohne Verkehrsbelästigung nach Kassandria marschieren wollen (¾ Std.). Wir aber gehen in Richtung **Fourka** weiter. Nach einer knappen ½ Std., in einer Linkskurve, geht rechts die Straße zur Wallfahrtskirche ab. Wir jedoch wandern noch gut 500 m weiter ins Zentrum mit Bushaltestelle und Post. Der kleine Ort besteht z. T. aus über 100jährigen Häusern, die Kirche ist sehenswert.

Von Fourka gehen wir zurück zur Kurve, wo wir links auf die Straße einbiegen. Unsere Route durchquert nun lichten Wald mit einigen mächtigen Aleppokiefern, denen z. T. das Harz abgezapft wird. Rechts verläuft ein trockenes Flußbett. Etwa 15 Min. später kommen wir an eine Wasserstelle unter einer riesigen Kiefer – ein schöner Platz zum Rasten. Nur 200 m weiter erreichen wir die Wallfahrtskirche **Ag. Marina**. Sie wird von vielen Griechen besucht, weshalb zu manchen Zeiten auf dem Vorplatz Souvenirhändler mit ihren Verkaufswagen stehen. Hinter der Kirche geht es weiter durch lichten Wald. Nach etwa ¼ Std. treffen wir auf eine wilde Müllkippe. Kurz darauf führt links ein Weg ab, wir gehen jedoch weiter geradeaus. An die Stelle des Waldes treten nun Olivenhaine, vorne liegt bereits Kassandria. Unser Weg mündet in die Straße Kassandria – Kassandrino, links erreichen wir bald die ersten Häuser und vor dem Zentrum die dunkelrote **Kirche**.

Kirche in Kassandria.

7 Von Kassandria nach Sani

Wanderung über einen kleinen Höhenrücken an den Thermaischen Golf

Kassandria – Camping Sani

Ausgangspunkt: Im Norden des Ortskerns an der Hauptstraße direkt am »Health Center« (gegenüber Tankstelle, Busstation in der Nähe).
Endpunkt: Campingplatz in Sani.
Gehzeiten: Kassandria – Ag. Georgos 1 Std., Ag. Georgos – Tal ½ Std., Tal – Camping Sani 1½ Std.; Gesamtzeit 3 Std.
Höhenunterschied: 150 m.

Anforderungen: Einfache Wanderung auf Feld- und Forstwegen.
Einkehr: Am Zielort eine Taverne auf dem Campingplatz.
Variante: Vom Ziel entlang des Ufers auf einem Pfad in 1¼ Std. bis zum großen Hotelkomplex »Sani Beach« mit Tavernen und Bushaltestelle (siehe Tour 8).
Hinweis: Badesachen nicht vergessen.

Mitten auf freiem Feld steht diese Kirche.

Die Wanderung führt über Felder, durch Wälder und schöne Täler bis zu einer Bucht am Thermaischen Golf. Unterwegs kommen wir an mehreren Kirchen vorbei, die mitten auf freiem Feld stehen. Im ersten Teil des Weges haben wir schöne Blicke auf den Ort Kassandria und weiter in den Süden der Halbinsel. Später bieten sich uns schöne Panoramen Richtung Norden auf das Gebirge im Hinterland der Chalkidiki.

Direkt am »**Health Center**« an der Hauptstraße im Norden des Ortskerns von Kassandria gegenüber einer Tankstelle zweigt ein kleiner asphaltierter Weg nach Norden ab. Hier beginnen wir unsere Wanderung und gehen auf dem Weg zwischen Feldern und Olivenhainen nordwärts. Nach wenigen hundert Metern passieren wir einen rechts liegenden **Friedhof** mit einer kleinen

Kapelle. Etwa 1000 m weiter erreichen wir ein **Umspannwerk**. Hinter dem Werk endet der Asphalt, die Straße wird zur Schotterpiste, und etwa 100 m weiter kommen wir an eine **Weggabelung**. Wir wählen die linke Alternative. Die Straße ist für gut 1 km wieder asphaltiert, und es geht bergauf. Dort, wo der Asphalt endet und die Straße wieder in eine Schotterpiste übergeht, haben wir die größte Höhe erreicht. Hier lohnt sich ein Blick zurück auf Kassandria und den Süden der Halbinsel.

Bald kommen wir an eine kleine, weiß getünchte **Kirche**, dem Hlg. Georgos geweiht. Der Eingang ist meist unverschlossen, und so können wir einen Blick in die Kirche mit ihren vielen Heiligenbildern werfen. Nur wenig hinter der Kirche zweigt nach links ein Weg ab. Wir gehen weiter nach rechts, wo uns auch ein Hinweisschild Richtung **Sani** weist. Gut 5 Min. später stehen wir an einer **Weggabelung** vor einer **großen Kirche**, die mitten in der freien Landschaft zwischen Getreidefeldern und Olivenhainen steht. Weitere Häuser sind nicht in Sichtweite. Auch diese Kirche ist gewöhnlich offen, so daß wir die Gelegenheit wahrnehmen und uns in Ruhe das Innere betrachten.

Wir gehen, die linke Alternative wählend, weiter. Es geht leicht abwärts und schon bald kommen wir an einer **Feldsteinkapelle** vorbei. Der Blick von hier nach Norden auf die Berge der Chalkidiki ist faszinierend. 500 m weiter kommen wir in einen Wald. Etwas weiter zweigt rechts ein Weg ab. Wir gehen geradeaus und befinden uns in einem sehr schönen, an allen Seiten von Bäumen bestandenen Tal. Hier läßt sich leicht ein guter, schattiger Rastplatz finden.

Wir gehen ausgeruht weiter und wählen bei der nächsten **Gabelung** den nach links führenden Weg, der zunächst auf der gleichen Ebene weiter verläuft, während die rechte Alternative aufwärts führt. ¼ Std. später endet der Wald. Wir wandern jetzt durch Getreidefelder und Olivenhaine. Es geht wieder aufwärts, und am Ende des Weges wandern wir nach links. An der nächsten Abzweigung halten wir uns rechts. Der Weg verläuft jetzt durch ausgedehnte Getreidefelder und nochmals durch eine Senke. An einer **Wasserstelle** vorbei kommen wir in ein Tal, wo eine einspurige, asphaltierte Straße mit sehr schlechtem Belag kreuzt. Wir wandern hier nach links auf der asphaltierten Straße und gelangen in einen dichten Nadelwald. Wir bleiben nun zunächst auf dieser Straße, bis wir an ein **großes Gebäude** gelangen, das mit Stacheldraht und hohen Zäunen gesichert ist. Kurz darauf endet die Straße in einer größeren, ebenfalls asphaltierten.

Hier gehen wir links. Nach ca. 15 Min. gelangen wir an die ersten Wohnhäuser, und voraus ist das Meer zu sehen. Wenig später zweigt links die Zufahrt zum Hotel »Paradise Simantra Beach« ab, und 100 m weiter ist die Einfahrt zum **Campingplatz**, über die wir an den Strand gelangen, wo unsere Wanderung endet.

Auf dem Wanderweg bei Sani.

8 Von Camping Sani bis zum Sani Club

Wanderpfad durch dichten Kiefernwald am Thermaischen Golf

Camping Sani – Sani Club

Ausgangspunkt: Strand vom Campingplatz Sani.
Endpunkt: Ferienkomplex Sani.
Gehzeiten: Camping Sani – Sani Club 1¼ Std.; Gesamtzeit 1¼ Std.
Höhenunterschied: 30 m.
Anforderungen: Einfache Wanderung auf schmalem Pfad in schattigem Wald.
Einkehr: Am Ausgangspunkt eine Taverne auf dem Campingplatz, mehrere Tavernen und Kafenia am Zielort.
Hinweis: Badesachen nicht vergessen.

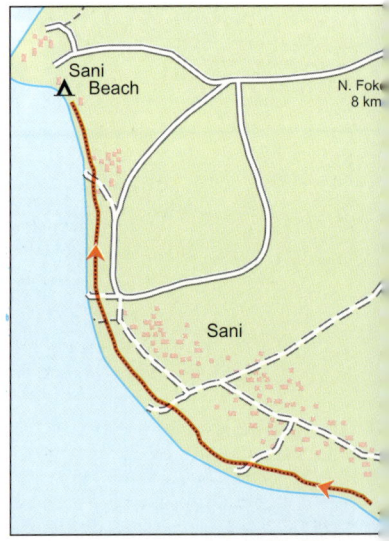

Die Wanderung führt auf einem schmalen Pfad durch dichten, schattigen Wald entlang des Thermaischen Golfs. Unterwegs haben wir an mehreren Stellen gute Rastmöglichkeiten mit herrlichen Blicken auf den Golf. Der als L2 bezeichnete Wanderweg ist, teilweise mit Kilometerangaben in beide Richtungen, sehr gut markiert.

Oben: Der Sandstrand nördlich von Sani.
Links: An Süßwassertümpeln leben farbenprächtige Libellen.

Wir beginnen unsere Tour im Norden des Sandstrandes vom **Campingplatz Sani**. Hier informiert uns ein Hinweis, daß wir noch 4,5 km vor uns haben. Ein Pfad führt hinauf auf die Steilküste in dichten Kiefernwald. Rückwärts haben wir nochmals einen schönen Blick auf die Bucht mit dem Campingplatz und dem dahinter liegenden Hotel. Schon bald kreuzen wir eine Straße. Der Pfad führt nun etwas vom Wasser weg. Rechts von uns liegen einige Häuser. Wir kreuzen erneut eine Straße, und einem weiteren Hinweisschild entnehmen wir, daß wir bereits 1,9 km zurückgelegt haben. Nun geht es zunächst abwärts, anschließend wieder bergan. Der Pfad verläuft durch Wald mit dichtem Unterholz. Wir kreuzen eine Straße und etwa 5 Min. später eine weitere – auch hier wieder ein ausführliches Hinweisschild: Nur noch 1,8 km bis zum Ziel. Wenig später verläuft der Pfad unmittelbar an der **Klippenkante**. Wir erreichen einige Holzbänke, von wo aus wir durch eine Lücke in den Bäumen einen wunderbaren Blick auf das Meer haben. Der Pfad verläuft nun bergauf und bergab direkt an der Steilkante. ¼ Std. später erreichen wir nochmals einen schönen Rastplatz. Auch hier lohnt das Verweilen.

Kurz darauf kreuzen wir erneut eine Straße. Es geht wieder etwas bergan. Links unter uns liegt eine Badebucht, rechts oben stehen einige Häuser. Der Weg gabelt sich nun. Nach rechts führt er aufwärts und links, **über eine Stufe**, abwärts. Wir gehen abwärts und stehen 5 Min. später am **Sani Club**. Von hier aus sind es etwa 200 m entlang des Strandes bis zum Campingplatz. Und etwas weiter erstrecken sich die großen Ferienanlagen und Hotels.

9 Sani

Rundwanderung zu einem Biotop für seltene Vögel und entlang eines feinen Sandstrandes

Sani – Feuchtgebiet – Strand – Sani

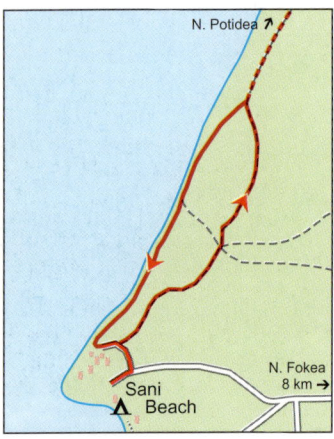

Gehzeiten: Parkplatz – Pumpenhaus ½ Std., Pumpenhaus – Dünen ¼ Std., Dünen – Parkplatz 1 Std.; Gesamtzeit 1¾ Std.
Höhenunterschied: Keiner.
Anforderungen: Einfache Wanderung auf Schotter- und Sandpisten und über einen Forstweg. 2. Teil am Sandstrand, in der Nähe des Wassers relativ fest.
Einkehr: In Sani Tavernen und Kafenia.
Hinweis: Beste Zeit zur Vogelbeobachtung im Feuchtgebiet sind Frühling und Herbst. 2. Teil am feinen Sandstrand, deshalb Badesachen nicht vergessen.
Varianten: Von den Dünen auf Feldwegen nach Potidea (ca. 3 Std.), immer nah entlang der Küste mit weiteren Feuchtgebieten und Waiwaiki-Feldern. Aus den reifen Früchten wird ein baumwollartiges Material gewonnen. Die Blüten tauchen die Landschaft in ein rot-weißes Farbenmeer. In Potidea an der Engstelle der Kassandra sind der Kanal, historische Ruinen und Fischtavernen erwähnenswert. Rückfahrt mit Bus.

Ausgangs- und Endpunkt: Öffentlicher Parkplatz am Campingplatz (in der Nähe Bushaltestelle).

Die Wanderung verläuft zunächst entlang eines für Vogelfreunde interessanten Feuchtgebietes, dann durch dichten Wald, der später immer lichter wird. Die Strecke führt schließlich ans Meer und verläuft entlang der Dünen und am Strand zurück.

Wir beginnen unsere Wanderung am **Parkplatz** gegenüber dem Eingang zum Campingplatz, gehen zunächst bis zur Straße und dort nach links. Die Straße führt an einem weiteren Parkplatz und anschließend an einer Bungalowanlage vorbei. Nach etwa 500 m macht die Straße einen Linksbogen. Sie führt weiter zur großen Hotelanlage. Im Scheitelpunkt führt rechts ab ein **Schotterweg**, auf den wir einbiegen. Hier finden wir nun auch einige Wandermarkierungen.

An der nächsten Gabelung können wir uns spontan für einen der beiden Wege entscheiden, da sie nach kurzer Zeit wieder zusammenlaufen. Der Weg ist nun stellenweise sehr sandig. Wir passieren einige **Ställe**, die links von uns liegen, und kommen bald darauf bei einer Mehrfachkreuzung an ein **Pumpenhaus**. Interessanterweise dient das Pumpenhaus nicht der Wasser-

Sandstrand und historischer Wachturm von Sani.

versorgung, sondern der Entsorgung. Die tiefliegenden Flächen werden nämlich jedes Jahr im Frühling überflutet. Um die Flächen für die Landwirtschaft nutzbar zu machen, muß das Wasser abgepumpt werden. Inzwischen hat man aber erkannt, daß die überfluteten Flächen und angrenzenden Feucht- und Naßwiesen einer großen Zahl teilweise seltener Vögel Brut- und Nahrungsraum bieten, so daß das Gelände in ein Naturschutzgebiet umgewandelt werden soll.

Am Pumpenhaus wählen wir den zweiten nach links führenden Weg. Für ¼ Std. wandern wir nun durch dichten Wald, der kurz vor Erreichen der Dünen lichter wird. Wir übersteigen die **Dünen** und sind nun am Strand. Rechts sehen wir die rötliche Steilküste bei Potidea, links liegt der historische Wachturm von Sani, und davor jeweils ein endlos lang erscheinender Sandstrand.

Nach einem erfrischenden Bad machen wir uns auf den **Rückweg**. Nahe der Wasserlinie ist der Sand ziemlich fest. Hier sinken wir kaum ein. Kurz vor dem Hotel zweigen wir auf einen Weg ab, der uns zum **Hotelparkplatz** bringt, an dem wir bereits auf dem Hinweg vorbeigekommen sind. Von hier aus sind es wenige Minuten bis zu unserem Ausgangspunkt.

Sithonia

Sithonia, der mittlere Finger der Chalkidiki, ist im Vergleich zur Kassandra wesentlich weniger vom Tourismus beeinflußt. Riesige Hotelanlagen, wie sie auf Kassandra vielerorts zu finden sind, gibt es auf der Nachbarhalbinsel bisher nur in Porto Carras südlich von N. Marmaras. Dennoch findet hier der Tourist alles, was einen Urlaub erholsam macht. Es gibt keine Altertümer wie auf Kassandra oder an anderen Stellen der Chalkidiki zu besichtigen, dafür aber Natur pur.

Die gut 50 km lange und bis zu 30 km breite Halbinsel ist wesentlich gebirgiger als Kassandra. In Längsrichtung zieht sich ein Höhenzug von Süd nach Nord durch die Halbinsel, der im 753 m hohen Kostas gipfelt. Besonders an der Ostküste reichen die Berge stellenweise bis an die Küste und fallen dort steil ins Meer ab. Hier haben sich wunderschöne Sandbuchten gebildet, die man aus großer Höhe von der Küstenstraße sehen kann. Zu erreichen sind sie jedoch nur schwer oder gar nicht auf dem Landweg. Aber keine Angst: Sithonia bietet darüber hinaus ungezählte kleinere oder größere, herrliche Sandbuchten, die sich über Land erreichen lassen. Sie können mit den besten griechischen Badestränden konkurrieren.

Das Landesinnere ist bewaldet, teilweise karstig oder von Phrygana bedeckt. Leider hat die Halbinsel in den letzten Jahren viel von ihrem Waldbestand durch Brände verloren. Zu einer Katastrophe kam es 1985, als praktisch der gesamte Baumbestand im Süden der Halbinsel ein Opfer der Flammen

Klippen am Strand bei Kalamitsi.

Einsame Bucht auf Sithonia.

wurde. Auch in den Jahren danach kam es immer wieder zu kleineren Bränden. Das letzte größere Feuer wütete erst 1994, das wieder weite Flächen der Südspitze vernichtete. Inzwischen wird an vielen Stellen der Wald wieder aufgeforstet – eine langwierige Maßnahme, da die Bäume in dem trockenen Klima nur relativ langsam wachsen. Dem Problem Feuer versucht man nun durch ständige Beobachtung, z. B. von der Station auf dem Kostas, oder durch Anlegen von Brandschneisen zu begegnen. Die breiten Schneisen, die sich als Kahlschlag überall durch die Wälder ziehen, verschandeln zwar die Landschaft, sind aber offensichtlich notwendig. Darüber hinaus eröffnen sie dem Wanderer neue Wege.

Neben dem Tourismus sind die Einnahmequellen der Bewohner Wein, Oliven, Honig und Ziegen sowie in bescheidenem Maß der Fischfang. Da die meisten Orte direkt am Meer liegen, spielen natürlich Meerestiere auf der Speisekarte eine große Rolle. Fast überall finden wir Fischtavernen, wo Fisch, Krebs und Tintenfisch frisch und schmackhaft zubereitet werden. Und wer Tavernen etwas abseits der Touristenzentren sucht, kann auf Sithonia noch äußerst preiswert essen und trinken. Erschlossen wird die Halbinsel von einer gut ausgebauten, asphaltierten Küstenstraße, die einmal um die ganze Insel herumführt. Von ihr verlaufen Straßen, oft nur als Schotterpiste angelegt, in die Buchten oder ins Gebirge. Viele dieser Pisten sind nur mit geländegängigen Fahrzeugen zu befahren. Für den Wanderer bieten sie ideale Möglichkeiten, ins Landesinnere oder an die Küste zu gelangen.

10 Vourvourou

Rundwanderung oberhalb von Vourvourou

Vourvourou – Aussichtspunkt – Vourvourou

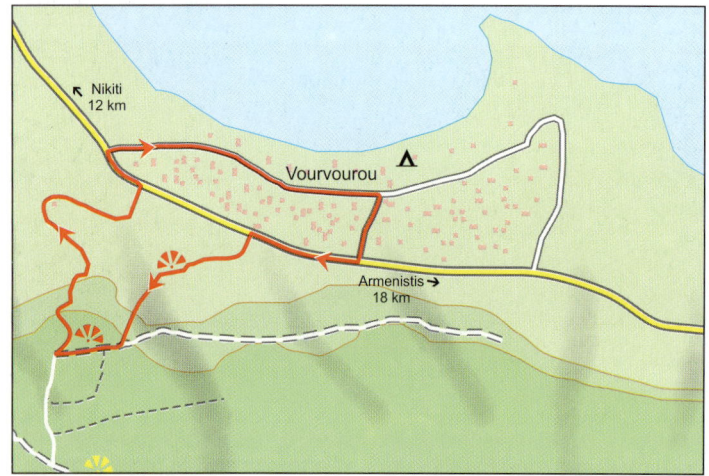

Ausgangs- und Endpunkt: Westliche Abzweigung von der Hauptstraße in den Ort, direkt an der Bushaltestelle.
Gehzeiten: Bushaltestelle – Vourvourou Zentrum ½ Std., Vourvourou Zentrum – Villa Athena ½ Std., Villa Athena – höchster Punkt ¾ Std., höchster Punkt – Bushaltestelle ½ Std.; Gesamtzeit 2¼ Std.
Höhenunterschied: Im An- und Abstieg jeweils 120 m.
Anforderungen: Einfache Wanderung auf Forstwegen.
Einkehr: In Vourvourou diverse Tavernen und Kafenia.

Die Rundwanderung oberhalb von Vourvourou im Nordosten der Sithonia bietet ganz exzellente Blicke auf den Ort, die vorgelagerten Inseln und den Golf von Ag. Oros. Da wir einen großen Teil der Strecke im Wald wandern, kann man die Tour auch während der wärmeren Tageszeit unternehmen.
Wir beginnen unsere Tour an der **Hauptstraße** im Westen des Ortes, dort wo die Nebenstraße in den Ort abzweigt. Wir folgen der Nebenstraße ins **Zentrum**. Die Bebauung wird immer dichter, und nach etwa ½ Std. erreichen wir im Zentrum des Ortes an einem großen Hotel eine asphaltierte Abzweigung, die rechts zur Hauptstraße führt. Wir schlagen diesen Weg ein. Zwischen hohem Schilf erreichen wir nach etwa 500 m die Hauptstraße. Hier gehen wir zunächst rechts, bis wir nach etwa 10 Min. die auf der rechten Seite liegende »Villa Athena«, ein Apartmenthaus, erreichen. Noch vor dem Haus führt links

Blick auf Vourvourou.

ein unbefestigter Weg den Hang hinauf. Ein **Schild** weist nach Libalia (6 km), Karboynas (11 km) und Askamia (12 km). Wir wählen diesen Weg, der sich nun stellenweise recht steil den Hang hinaufwindet. Der Blick zwischen den Bäumen hindurch auf den tief unten liegenden Ort und den Golf ist faszinierend. Der Weg verläuft zunächst Richtung Westen und wendet sich dann mehr südlich.
Knapp 30 Min. später mündet die Piste in einen ebenfalls unbefestigten **Fahrweg**. Wir wählen den rechten Abzweig. Es geht wieder aufwärts, den Hang hinauf Richtung Westen. Vourvourou liegt nun weit unter uns. Etwas später gabelt sich der Weg. Links geht es aufwärts. Wir wandern rechts weiter. Aber schon bald endet auch dieser Weg. Wir treffen auf einen **Forstweg**, der nach links aufwärts führt und nach rechts steil abwärts. Mit 120 Höhenmetern haben wir hier die höchste Stelle der Rundwanderung erreicht.
Wir gehen nun rechts wieder abwärts. Der Weg führt im Schatten hoher Kiefern in z. T. engen Serpentinen abwärts. Wir passieren eine kleine, rechts liegende **Holzhütte**. Der Weg verläuft nun parallel zur Hauptstraße, die wir unter uns erkennen können. Schon bald ändert sich die Richtung wieder. Wir gehen jetzt direkt auf die Hauptstraße zu, die wir wenig später erreichen.
Hier schwenken wir nach links und sind nach 300 m wieder bei der **Bushaltestelle** an unserem Ausgangspunkt angelangt.

11 Von Vourvourou auf den Kostas

Von der Ostseite Sithonias auf den höchsten Gipfel des Itamos

Vourvourou – Kostas und zurück

Ausgangs- und Endpunkt: Westliche Abzweigung von der Hauptstraße nach Vourvourou, direkt an der Bushaltestelle.
Gehzeiten: Bushaltestelle – Holzhütte ¼ Std., Holzhütte – Kirche 1½ Std., Kirche – Kreuzung mit Marterlhäuschen 1½ Std., Kreuzung mit Marterlhäuschen – Rastplatz mit Quelle 1 Std., Rastplatz mit Quelle – Kostas ¾ Std., Kostas – Rastplatz mit Quelle ½ Std., Rastplatz mit Quelle – Kreuzung mit Marterlhäuschen ¾ Std., Kreuzung mit Marterlhäuschen – Kirche 1¼ Std., Kirche – Holzhütte 1¼ Std., Holzhütte – Bushaltestelle ¼ Std.; Gesamtzeit 9 Std.
Höhenunterschied: Im An- und Abstieg jeweils 750 m.
Anforderungen: Lange Tour auf Feld- und Forstwegen, Kondition nötig.
Einkehr: In Vourvourou Tavernen und Kafenia.
Varianten: Abstieg nach N. Marmaras im Westen Sithonias (siehe Tour 17). Auf dem Kamm zweigt rechts ab ein Weg zum Petros (ausgeschildert) ab, gute Aussicht.

Ebenso wie die Wanderung von N. Marmaras auf den Kostas gehört diese zu den schönsten Touren der gesamten Chalkidiki. Der Weg führt uns von der Ostküste hinauf auf den zentralen Höhenzug. Hier wandern wir für eine längere Zeit auf oder dicht unterhalb des Kammes in einem Wald auf einem unbefestigten Forstweg in Richtung Süden. Es bieten sich uns faszinierende Blicke auf beide Seiten der Halbinsel. Wir kommen an einer kleinen Kirche mit schattigem Rastplatz vorbei. Höhepunkt ist dann der Kostas. Von seinem 750 m hohen Gipfel aus haben wir einen unvergleichlichen Ausblick weit in die chalkidische Landschaft hinein. Der Weg ist stellenweise ausgeschildert.
Die Tour beginnt an der Küstenstraße bei der **Abzweigung** der in den Ort führenden Straße westlich des Ortes direkt an der Bushaltestelle. Wir gehen zunächst für etwa 300 m die Hauptstraße Richtung Südosten und zweigen dann rechts ab. Etwa 300 m weiter, es geht inzwischen aufwärts, schwenkt der Weg nach rechts und verläuft nun westwärts. 15 Min. nach dem Start passieren wir eine links liegende, kleine **Holzhütte**. Nun geht es steil in z. T. engen Serpentinen hinauf auf den Höhenkamm. Wir wandern im Schatten großer Nadelbäume und bleiben auf dem Hauptweg. Rückwärts haben wir faszinierende Blicke auf Vourvourou, die vorgelagerten Inseln und den Golf. Vor uns liegt der Karvounas, ein 567 m hoher Berg, den wir an den beiden Sendemasten erkennen können. Wir werden den Berg auf seiner Südflanke umgehen.
Etwa ½ Std., nachdem wir die Holzhütte passiert haben, zweigt rechts ein relativ breiter Weg ab. Wir behalten unsere Richtung bei und gelangen nur wenige hundert Meter später an eine weitere **Abzweigung**, die nach links führt. Auch hier gehen wir geradeaus weiter. ¼ Std. später, wir sind jetzt in einer Höhe von 260 m, stoßen wir an einen Weg, den wir nach rechts gehen

Blick Richtung Athos mit dem Athosgipfel.

müssen. Links führt es wieder hinab nach Vourvourou. Nur etwa 100 m weiter an der nächsten Gabelung halten wir uns wieder rechts.
Wir befinden uns jetzt auf dem **Kamm** und können sowohl Richtung Athos als auch zur Kassandra blicken. Wenig später zweigt rechts ein Weg zum Petros, einem schönen Aussichtsberg, ab. Wir wandern weiter geradeaus und kommen schon 200 m später an eine Kreuzung. Rechts geht es wieder zum Petros und links zum Karvounas. Nun folgen in kurzen Abständen weitere Abzweigungen, von denen viele beschildert sind. Wir bleiben weiter in südöstlicher Richtung und gelangen bald an einen auf der rechten Seite stehenden **Brunnen**. Sein erfrischendes Wasser können wir mit einer Handpumpe zu Tage fördern. Ein Schild weist uns darauf hin, daß wir uns hier in **Libalia** befinden.
Etwa 100 m weiter erreichen wir die **kleine Kirche** des Heiligen Christopherus. Leider ist die Kirche meist verschlossen, so daß wir von ihrem Inneren nichts sehen können. Dafür entschädigt aber ein auf der rechten Seite eingerichteter Rastplatz mit überdachter Sitzgruppe und Grill.
Gut 5 Min. hinter der Kirche gelangen wir an eine Abzweigung nach rechts

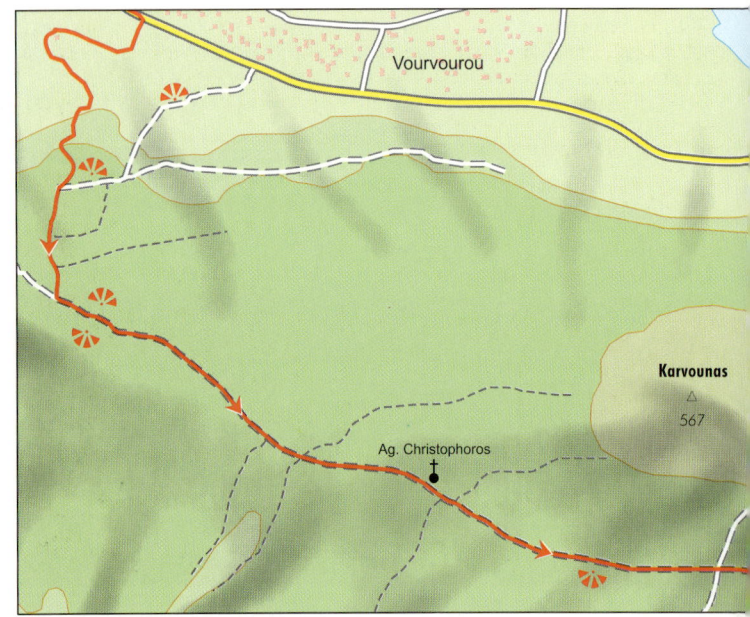

und 20 m weiter nach links, wo es erneut zum Karvounas geht. Wir gehen weiter geradeaus Richtung Südosten. Wir sind nun auf einer Höhe von etwa 300 m angelangt, und der Weg führt mit wenigen Ausnahmen weiter leicht aufwärts. Der Blick wechselt ständig. Mal können wir auf die Kassandra-Seite sehen, mal hinüber zum Athos. Links voraus liegt nun der Karvounas, den wir rechts umgehen. Gleich hinter dem Berg erreichen wir erneut eine **Kreuzung**. Rechts geht es nach Tripotamos und links nach Ntriskas. In Gegenrichtung weist das Schild nach Libalia. Wir gehen hier weiter geradeaus.

Es geht weiter aufwärts. Bald haben wir die 400 Höhenmeter erreicht. An einer größeren Verzweigungsstelle mit **Marterlhäuschen** weist uns ein **Wegweiser** das erste Mal zum Itamos. Die Gegenrichtung ist mit Vourvourou und Libalia ausgeschildert, und rechts geht es u. a. nach Kryoneri. Hier steht auch ein markantes Marterlhäuschen.

Wir wandern weiter Richtung Südosten auf einem sehr schönen Forstweg zwischen teilweise mächtigen, schirmartigen **Kiefern**. Zwei davon, die links und rechts des Weges stehen, sind mit ihren Kronen derartig verwachsen, daß sie wie ein riesiger Torbogen wirken. Gut 20 Min. später kommen wir an zwei auf der linken Seite stehenden Marterlhäuschen vorbei. Hier haben wir nun eine Höhe von 550 m erreicht. ¼ Std. später, wir sind jetzt etwas über 600 m hoch, kommen wir an einen schönen **Rastplatz** mit einer Quelle sowie Bänken, Tischen und einem Grill – ein schattiges Plätzchen unter hohen Kiefern mit gutem Trinkwasser. Hier können wir vor dem letzten Anstieg auf den Gipfel noch eine kleine Pause einlegen.

Etwa 300 m hinter dem Rastplatz zweigt nach links eine breite Straße ab. Wir gehen hier weiter geradeaus, ebenso wie an den nächsten Abzweigungen. Gut ½ Std. hinter dem Rastplatz zweigt nach rechts ein Weg ab. Hier geht es zur Kirche des Propheten Ilias und weiter über Parthenonas nach N. Marmaras (siehe Tour 17). Nur wenige Meter weiter führt nach links abwärts ein Weg. Dieser verläuft entlang des Kammes Richtung Süden. Geradeaus geht es steil bergauf auf den **Kostas**. Bis zum Gipfel, auf dem ein **Wachhäuschen** mit Aussichtsplattform der Feuerwehr steht, benötigen wir gut 10 Min. Von den freundlichen Feuerwehrleuten erhalten wir die Erlaubnis, auf die Aussichtsplattform zu steigen. Von dort haben wir bei guter Sicht einen unvergleichlichen Blick in alle Richtungen.

Den **Rückweg** treten wir auf der gleichen Route an oder wählen die Variante über Parthenonas nach N. Marmaras.

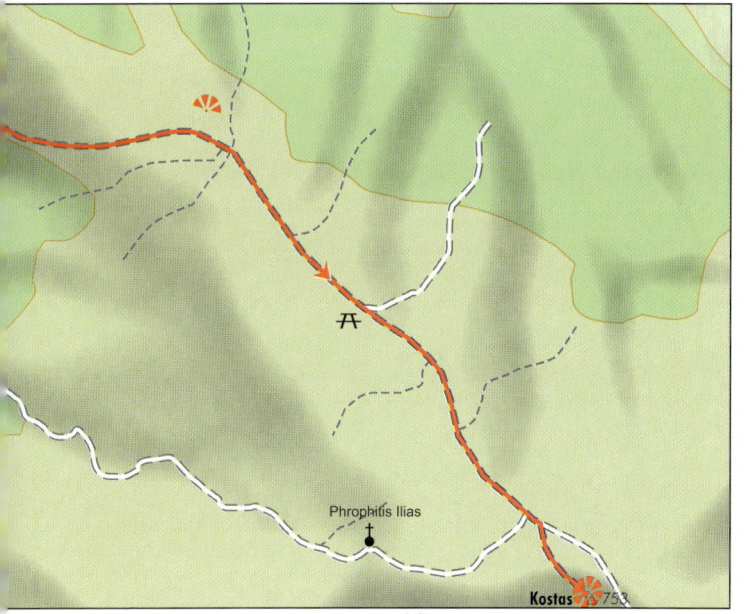

12 Von Sikia zur Taverna Panorama

Auf dem Zentralkamm zu einem der schönsten Aussichtspunkte der Halbinsel

Sikia – Sendestation – Taverna Panorama

Ausgangspunkt: Im Zentrum von Sikia am zentralen Platz an der Bushaltestelle.
Endpunkt: Taverna Panorama an der Hauptstraße, etwa bei Kilometer 87. Höhe 200 m.
Gehzeiten: Sikia – Sendestation 1½ Std., Sendestation – Taverna Panorama 1½ Std.; Gesamtzeit 3 Std.
Höhenunterschied: 300 m.
Anforderungen: Wanderung auf Schotterpisten und Karrenwegen, größtenteils ohne Schatten.
Einkehr: In Sikia Tavernen und Kafenia. Am Zielort eine Taverne.
Variante: Start von Toroni aus, 1½ Std. bis zur Sendestation (siehe Tour 15).

Blick auf die Buchten bei Kalamitsi.

Die Wanderung führt zunächst auf den zentralen Höhenkamm, der sich durch Sithonia zieht. Er erreicht im Süden der Halbinsel allerdings nur noch eine Höhe von gut 200 m. Im zweiten Teil wandern wir entlang des Höhenkammes auf einem Karrenweg durch die Phrygana. Hier haben wir immer wieder grandiose Ausblicke zu beiden Seiten der Halbinsel. Am Ziel können wir uns auf der Terrasse der Taverne, die an einem steilen Hang liegt und einen unvergleichlichen Ausblick hat, für den Rückweg stärken.

Wir beginnen unsere Wanderung in **Sikia** (alternativ in Toroni) und wandern von dort in 1½ Std. bis zur **Sendestation** (siehe Beschreibung Tour 15). Dort angekommen, wählen wir den, von Sikia aus gesehen, nach links abzweigenden unbefestigten Weg. Er führt in Richtung Süden. Wir wandern entlang des Kammes und können an vielen Stellen sowohl zum Athos als auch zur

Kassandra blicken. Vor uns sehen wir bereits die Masten einer Sendestation im Süden der Insel, die nur eine kurze Strecke von unserem Zielort entfernt stehen. Es lohnt sich, einen Blick zurück auf Sikia zu werfen. Schön ist zu sehen, wie sich der Ort in einem weiten Talkessel an den Berg schmiegt.
Nach etwa 15 Min. erreichen wir einen **Ziegenpferch**. Ob es für die selbst gemauerte, **einfache Hütte** des Hirten eine Bauabnahme gegeben hat, darf bezweifelt werden. Es geht leicht bergauf, und kurz hinter dem Ziegenpferch wendet der Weg sich mehr Richtung Südosten. Etwa 200 m weiter zweigt nach links ein Weg ab. Seinen Verlauf kann man von unserem Standort aus gut verfolgen. Er führt an Sikia vorbei hinunter zur Bucht.
Kurz darauf kommen wir an einem kleinen **roten Steinhäuschen** mit einer Grundfläche von etwa 2 mal 2 m vorbei. Wir sind nun in einer Höhe von 300 m. Der Blick hinüber zum Athos und in die Bucht von Sikia ist grandios. Nur wenig weiter passieren wir einen sehr **großen Ziegenpferch**. Die Hunde geben zwar kräftig Laut, sind ansonsten aber ganz friedlich.
¼ Std. später zweigt nach rechts ein Weg ab. Er führt nach Westen und trifft auf den von Toroni zur Sendestation führenden Weg direkt am dort liegenden Ziegenpferch. Links unter uns können wir nun das Asphaltband der Ringstraße sehen und voraus bereits die »Taverna Panorama«.

Auf der Terrasse der Taverna Panorama.

Sithonias Ostküste hat feinste Sandstrände.

Noch haben wir unser Ziel aber nicht erreicht. Wir wandern weiter, nun schon eine Weile wieder abwärts, entlang des **Höhenkammes**. Bald erreichen wir eine nach rechts führende Abzweigung. Auch dieser Weg führt nach Toroni. Markantes Merkmal sind hier zwei rund abgeschliffene, **große Felsbrocken**, die auf der linken Seite stehen. Nur wenig weiter erreichen wir den unangenehmsten Teil der Tour. Für eine Weile verläuft unser Weg nämlich am Rande einer häßlichen Müllkippe. Nicht nur unser Geruchssinn wird auf eine harte Probe gestellt. Glücklicherweise haben wir die Kippe bald hinter uns gelassen. Der Blick hinunter auf die Taverne, die Buchten von Kalamitsi und Athos im Hintergrund entschädigt uns.

Der Weg führt weiter parallel zur weit unter uns liegenden asphaltierten Küstenstraße. Knapp 5 Min. hinter der Müllkippe zweigt nach rechts ein Weg ab, der zu zwei in einem Tal stehenden Häusern führt. Nur etwa 100 m weiter erreichen wir die Küstenstraße. Hier gehen wir nach links und sind in wenigen Minuten an der **Taverne »Panorama«**, wo wir auf der Terrasse bei Speis' und Trank die unvergleichliche Aussicht genießen können.

13 Kalamitsi

Über ein felsiges Kap zu einer der schönsten Buchten der Chalkidiki

Kalamitsi – Camping Kalamitsi – Schildkrötentümpel – Kalamitsi

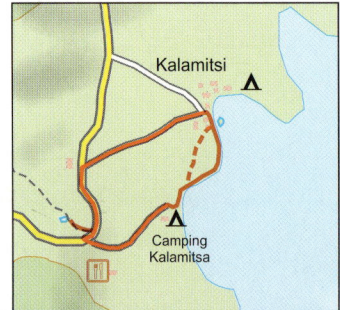

Ausgangs- und Endpunkt: Bucht von Kalamitsi, nächste Bushaltestelle an der Hauptstraße nur wenig südlich vom Hotel Ermioni an der Abzweigung zum Schildkrötentümpel.
Gehzeiten: Bucht – Campingplatz ¼ Std., Campingplatz – Schildkrötentümpel 10 Min., Schildkrötentümpel – Bucht 5 Min.; Gesamtzeit ½ Std.
Höhenunterschied: 10 m.
Anforderungen: Kurze Wanderung mit kurzer, leichter Kletterei.
Einkehr: In Kalamitsi Tavernen mit z. T. schönen Sitzplätzen am Strand. Auf dem Campingplatz Kalamitsi Selbstbedienungsrestaurant und Bar. Etwas abseits vom Campingplatz Taverne »Popi«.
Variante: Kletterei von Bucht am Campingplatz zur nächsten Bucht umgehbar auf Route weiter landeinwärts, allerdings auf Ziegenpfaden, die bald im dichten Gestrüpp enden. Wer sich den Weg bahnen muß, braucht dann eine lange, feste Hose als Schutz gegen Dornen.
Hinweis: Bucht von Kalamitsi und Bucht beim Campingplatz mit sehr guten Bademöglichkeiten. Badesachen einpacken.

Die Wanderung führt zu einer der schönsten Buchten der Chalkidiki und zu einem interessanten Tümpel, wo wir Wasserschildkröten und eine Vielzahl verschiedener Libellenarten beobachten können.

Unser Ausgangspunkt ist die **Bucht von Kalamitsi**, ein langer, breiter Sandstrand mit kristallklarem Wasser. Wir gehen entweder am Strand oder auf der Straße Richtung Süden bis ans Ende der Bucht. Links liegt eine kleine felsige Insel, die man leicht schwimmend erreichen kann. Aber Vorsicht: Auf den Felsen im Wasser leben eine Menge Seeigel.

Wir gehen jetzt nahe der Wasserlinie weiter über die **Felsen** Richtung Süden. Zwei, drei Stellen müssen wir mit leichter Kletterei überwinden. Schon bald sehen wir die an beiden Seiten von Felsen begrenzte Bucht vor uns. Nach etwa 15 Min. erreichen wir den grobkörnigen **Sandstrand**, an den das kristallklare Wasser brandet. Die Bucht gehört sicher zu einer der schönsten der ganzen Chalkidiki, von der wir uns nur schweren Herzens wieder trennen können.

Auf der Nordseite der Bucht führt ein kleiner **Fußweg**, am Eingang zum Campingplatz vorbei, zu einer Asphaltstraße, die nach wenigen hundert Metern zur Hauptstraße führt. Dort, wo diese Straße in einer Rechtskurve

Blick auf die Bucht von Kalamitsi.

hinauf zur Hauptstraße führt, geht es geradeaus weiter zur **Taverna »Popi«**, einem griechischen Restaurant mit einer sehr freundlichen und hilfsbereiten, deutsch sprechenden Besitzerin.

Wer sich nicht stärken muß oder will, geht hier hinauf zur Hauptstraße. Oben angekommen, gehen wir rechts und gleich wieder, unmittelbar an der Bushaltestelle, links. Wir gehen den Weg hinunter, zwischen Friedhof und Brunnen hindurch und stehen unmittelbar vor dem kleinen, etwas unscheinbaren **Tümpel**. Mit etwas Geduld lassen sich hier eine große Zahl von Sumpfschildkröten beobachten, die erst vorsichtig ihr Köpfchen aus dem Wasser strecken und sich dann auf das Ufer begeben, um sich in der Sonne zu wärmen. Wir gehen vom Tümpel wieder zurück zur Hauptstraße, wenden uns dort nach links in Richtung Hotel »Ermioni« und gehen die nächste Straße gleich wieder rechts. Diese bringt uns wieder in die **Bucht von Kalamitsi**, zu unserem Ausgangspunkt.

14 Von Toroni nach Porto Koufos

Zum größten Naturhafen Griechenlands
Toroni – Festung Levthonia – Porto Koufos

Ausgangspunkt: Strandstraße in Toroni etwa in der Mitte der Bucht an der Zufahrt zur Küstenstraße.
Endpunkt: Hafen von Porto Koufos.
Gehzeiten: Ausgangspunkt – Festung Levthonia ¼ Std., Festung Levthonia – Porto Koufos ¼ Std.; Gesamtzeit ½ Std.
Höhenunterschied: Keiner.
Anforderungen: Einfache Wanderung auf Asphaltstraßen, größtenteils ohne Schatten.
Einkehr: In Toroni und Porto Koufos Tavernen und Kafenia.
Hinweis: In Toroni und Porto Koufos gute Bademöglichkeiten, deshalb Badesachen nicht vergessen.
Variante: Von der Festung Levthonia auf Ziegenpfaden zum Likythos (Süden, ca. 100 m), vorbei an Ruinen zweier byzantinischer Kirchen, die von Archäologen ausgegraben wurden. Vom Gipfel schöner Blick auf den Naturhafen Porto Koufos. Vor dem dichten Gestrüpp mit Dornen und Stacheln schützen nur derbe Hosen und feste Schuhe. Kein direkter Abstieg nach Porto Koufos, da diese Seite keine Pfade hat.

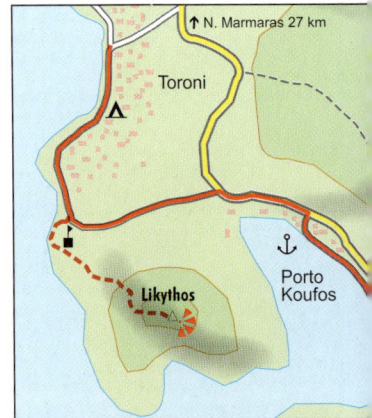

Die Wanderung führt entlang der schönen Sandbucht von Toroni zur Ruine einer alten Befestigungsanlage. Von dort geht es weiter nach Porto Koufos, wobei wir ein kleines Stück entlang der Küstenstraße wandern. Porto Koufos ist der größte natürliche Hafen in Griechenland.
Wir beginnen unsere Wanderung an der **Strandstraße** in Toroni etwa in der Mitte der Bucht, dort wo der Verbindungsweg zur Strandstraße abzweigt. Unser Weg führt uns Richtung Süden. Wir wandern auf der asphaltierten Straße unmittelbar am Strand entlang. Wer Lust hat, kann auch auf dem Strand gehen. Der Sand ist allerdings sehr locker. Links vom Weg liegen an der Straße aufgereiht Wohn- und Apartmenthäuser, Tavernen und Kafenia sowie Geschäfte.
Nach gut ¼ Std. haben wir das südliche Ende der Bucht erreicht. Nach links zweigt die südliche Verbindung zur Küstenstraße ab. Wir gehen hier aber zunächst noch weiter auf einer **Schotterpiste** bis zu den Ruinen der vor uns liegenden **Festung Levthonia**.
Die Ruinen sind eingezäunt, der Zaun aber an vielen Stellen defekt, so daß wir sie näher und genauer betrachten können. Im übrigen ist das Südende

Festung Levthonia, im Vordergrund der Strand von Toroni.

der Bucht für Taucher von großem Interesse, liegt hier doch der **antike Hafen**. Wir können allerdings keinen Blick darauf werfen, weil alle Gebäudereste inzwischen im Meer versunken sind.

Wer die oben angegebene Variante wählt, muß an dieser Stelle zum Likythos hinaufsteigen. Für die anderen heißt es, die wenigen Meter zur Abzweigung zur Hauptstraße zurückzugehen. Hier wenden wir uns nach rechts. 10 Min. später stehen wir an der Küstenstraße, wo wir ebenfalls rechts gehen müssen. Nun bleibt nur übrig, für gut 5 Min. an dieser Straße zu wandern.

Wir passieren eine **Tankstelle** und etwa 200 m weiter, gleich hinter einer Bushaltestelle mit einem weißen Wartehäuschen, führt nach rechts ein Weg zum Hafen von **Porto Koufos**, den wir nach wenigen Metern erreichen.

Hier können wir noch ein Stück entlang des Strandes Richtung Süden gehen, um den riesigen Hafen in seiner ganzen Größe ermessen zu können. Mit etwas Glück sehen wir vielleicht sogar einen Geier. Die großen Vögel nisten auf den Felsen rund um die Bucht. Vor dem **Rückweg**, den wir mit dem Bus oder wegen der Kürze der Strecke besser zu Fuß antreten, können wir in einer der vielen Fischtavernen noch eine Stärkung zu uns nehmen.

15 Von Toroni nach Sikia

Überquerung des zentralen Höhenkamms im Süden Sithonias

Toroni – Sendestation – Sikia

Ausgangspunkt: An der Unterführung, wo man nach Toroni von der Hauptstraße abbiegt. Gut 500 m weiter südlich an der Hauptstraße Bushaltestelle mit Wartehäuschen. Zum Strand knapp 1000 m.
Endpunkt: Zentrum von Sikia mit Bushaltestelle.
Gehzeiten: Toroni – Sendestation 1½ Std., Sendestation – Sikia 1 Std.; Gesamtzeit 2½ Std.
Höhenunterschied: Im An- und Abstieg jeweils 220 m.
Anforderungen: Wanderung auf Schotterpiste, größtenteils ohne Schatten.
Einkehr: In Toroni und Sikia Tavernen und Kafenia.
Hinweis: Gelegentlich hier fahrende Autos ziehen auf der meist trockenen Straße eine lange Staubfahne hinter sich her.
Variante: Von der Sendestation zur Taverna Panorama weiter im Süden der Halbinsel (siehe Tour 12).

Die Wanderung führt über den zentralen Gebirgskamm, der sich längs durch Sithonia zieht, hier im Süden der Halbinsel aber nur noch Höhen von gut 200 m erreicht. Wir wandern auf einer Schotterpiste und haben im ersten Teil schöne Blicke auf Kassandra und den davor liegenden Golf. Im zweiten Teil bilden Sikia und die Halbinsel Athos das Panorama. Sikia, einer der größeren Orte auf Sithonia, ist, von Parthenonas abgesehen, der einzige bewohnte Ort, der nicht an der Küste liegt.

Wir beginnen unsere Wanderung an der **Abzweigung nach Toroni** von der Hauptstraße. In Gegenrichtung führt eine asphaltierte Straße unter der Hauptstraße hindurch Richtung Toroni. Wir wandern auf dem unbefestigten Fahrweg Richtung Osten. Nach wenigen Metern zweigt nach links ein Weg ab, der aber als Sackgasse schon bald an einer Viehtränke endet. Wir halten uns also mehr rechts. Der Weg schlängelt sich nun in vielen Windungen aufwärts. Rechts und links sind die Hügel mit dichter Phrygana bedeckt. Nur selten finden wir größere Bäume, die uns Schatten spenden. Von Zeit zu Zeit blicken wir zurück, um das Panorama hinter uns zu würdigen.

Nach etwas mehr als ½ Std. kommen wir an einem rechts liegenden Ziegenpferch vorbei, zu dem ein Fahrweg führt. Wir bleiben aber auf dem Hauptweg und gelangen etwa 20 Min. später an eine **Kreuzung**. Auch hier gehen wir weiter geradeaus. 50 m weiter unterqueren wir eine **Freileitung**, die nun mehr oder weniger parallel zum Weg bis zur Sendestation verläuft.

Es geht weiter aufwärts, und voraus ist bald die Sendestation zu sehen. Nach knapp ½ Std. erreichen wir an einer Abzweigung nach links einen großen, zu einer Seite offenen **Lagerschuppen**. Von hier aus sind es jetzt nur noch etwa 200 m bis zur **Sendestation**, wo wir mit 220 m den höchsten Punkt der Wanderung erreicht haben. Der Blick hinüber auf die andere Seite der Halbinsel ist faszinierend. Nach rechts geht ein Fahrweg ab, der weiter entlang des Kammes nach Süden führt (siehe Tour 12).

Wir wandern weiter, nun abwärts, Richtung Osten. Ab und zu finden wir schattige Plätze unter großen Olivenbäumen, die am Wegesrand stehen. Auffallend sind die vielen **Marterlhäuschen**, an denen wir auf dieser Strecke vorbeikommen, insgesamt mehr als zehn.

Etwa auf der Hälfte der Strecke passieren wir eine **wilde Müllkippe**. Etwas weiter, gleich hinter zwei dicht beieinander stehenden Marterlhäuschen, zweigt rechts ein Weg ab. Wir gehen hier weiter geradeaus und ignorieren auch den wenig später links aufwärts führenden Weg.

Bald haben wir den Friedhof und die **Kirche** des Ortes erreicht. Die weißen, reich verzierten Kreuze und die ebenfalls weiße Kirche geben ein schönes Bild ab. Ab hier ist die Straße asphaltiert. Links und rechts stehen die ersten Häuser, und an einem Parkplatz vorbei sind es nur noch wenige Schritte bis ins Zentrum von **Sikia**, wo die Tour endet.

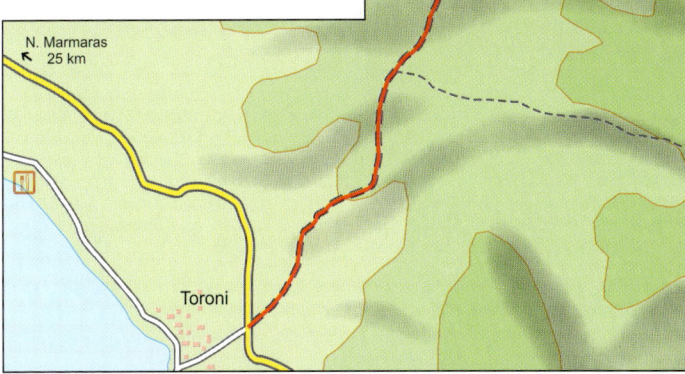

16 Von Toroni bis Porto Carras

Von Bucht zu Bucht an der Westküste

Toroni – Hotel Azapiko – Camping Europa – Weinkeller Carras

Bucht mit vorgelagerter Sandbank nördlich vom Hotel Azapiko.

Ausgangspunkt: Strandstraße in Toroni.
Endpunkt: Weinkeller Carras an der Hauptstraße von Toroni nach N. Marmaras.
Gehzeiten: Toroni – Hauptstraße ½ Std., Hauptstraße – Hotel Azapiko 1¼ Std., Hotel Azapiko – Hotel Poseidon 1 Std., Hotel Poseidon – Camping Europa 1¼ Std., Camping Europa – Weinkeller Carras 1¾ Std.; Gesamtzeit 5¾ Std.
Höhenunterschied: 100 m.
Anforderungen: Lange Wanderung auf Schotter- und Asphaltstraßen. Staubfahnen von Autos. Für Untrainierte oder Konditionsschwache ungeeignet, rot markiert.
Einkehr: Entlang der ganzen Strecke Tavernen und/oder Kafenia. Vielfältiges Angebot in N. Marmaras.
Varianten: Zum Abkürzen einige Verbindungen zur Hauptstraße (Busverkehr).
Weiter nach Porto Carras etwa 15 Min. und entlang des Strandes nach N. Marmaras.
Hinweis: Schöne Buchten, oft wenig zum Baden geeignet (Treibgut, z.B. Plastikflaschen und -tüten. Dennoch gute Stellen zum Erfrischen, also Badesachen mitnehmen. Weinkeller offen 8 – 12, 13 – 15 Uhr.

Die Wanderung führt entlang zahlreicher Buchten an der Westküste ganz nahe am Wasser. Sie verläuft erst durch mehr oder weniger offene Phrygana, dann durch Wald und Weinberge. Ziel ist der Weinkeller des griechischen Reeders Carras, wo wir uns bei einer Weinprobe erfrischen können.

Ausgangspunkt ist **Toroni**. Wir wandern die asphaltierte **Strandstraße** Richtung Norden. Am Ende des Ortes wechselt der Asphalt zu Schotter. Hinter einigen kleineren Buchten mit z. T. bizarr geformten Sandsteinfelsen kommen wir an eine große, **eingezäunte Bucht**. Eine Zufahrt führt zu Strand und Restaurant. Wir bleiben weiter auf dem Schotterweg. Nach etwa ½ Std. erreichen wir die **Zufahrt zum Campingplatz** »Anamor«, der etwa 300 m links von uns liegt. Wir gehen hier rechts und sind nach wenigen hundert Metern an der Hauptstraße.

Hier gehen wir nach links. 200 m weiter zweigt nach links die Einfahrt zum Campingplatz »Isa« ab und 50 m weiter, gegenüber der Bushaltestelle mit Wartehäuschen, geht es links ab Richtung **Tristinika**. Wir wählen diesen Weg, überqueren schon bald ein normalerweise ausgetrocknetes Flußbett und erreichen knapp 15 Min., nachdem wir die Hauptstraße verlassen haben, eine schöne, schattige Taverne neben einem Supermarkt. 300 m weiter, an der **Taverne »Villa Sithonia«**, die Zimmer vermietet, gabelt sich die Straße. Links erreichen wir nach etwa 10 Min. den Strand. Auch hier finden wir wieder eine Taverne.

Wir gehen hier aber nicht Richtung Strand, sondern weiter geradeaus. Der Weg windet sich nun einen kleinen Hügel hinauf, links unter uns liegt ein von Schilf gesäumter **Brackwassertümpel**. Dahinter können wir die Taverne am Strand erkennen. Nun taucht vor uns eine weiß getünchte **Bungalowanlage**

Der gigantische Hotelkomplex von Porto Carras.

auf. Hinter der Zufahrt zu den Bungalows kommen wir in eine schöne, kleine Bucht. ¼ Std. später stehen wir am **Eingang zum Campingplatz »Azapiko«**, der sich in einer großen Bucht breit macht. Wohnwagen und Wohnmobile stehen in langer Reihe am Strand.

Rechts ab führt ein Weg zur Hauptstraße. Wir gehen weiter und kommen nach etwa 10 Min. an das gleichnamige Hotel. Dahinter, in etwa 300 m Entfernung, verläuft die Hauptstraße. Etwa 500 m weiter zweigt rechts eine asphaltierte Verbindungsstraße zur Hauptstraße ab. Wir sind nun oberhalb einer malerischen, langgestreckten Bucht mit einer vorgelagerten langen **Sandbank**, auf der man von einer Seite der Bucht zur anderen gehen kann. Stellenweise verläuft der Weg nun durch Wald. Entlang weiterer Buchten kommen wir zur Hotelanlage »Poseidon«, die an einer sehr schönen Bucht liegt. Direkt an der Bucht finden wir auch ein Kartentelefon. Etwa 500 m hinter der Bucht geht es links ab nach »Nikitas Village«, einer Apartmentanlage und zu weiteren Apartments.

Wir müssen hier weiter geradeaus Richtung **Campingplatz »Areti«**. Der Weg führt nun etwas vom Wasser weg. Wir durchqueren eine **Landzunge** und sind etwa 500 m weiter am Eingang zum Campingplatz. Der Weg wird nun zu einem asphaltierten, und schnell führt er wieder ans Wasser. Unten sehen wir zwei kleinere vorgelagerte Inseln und etwas weiter weg die Insel Kelifos, die wie eine überdimensionierte

Schildkröte aussieht und deshalb schlicht »Schildkröteninsel« genannt wird. Dahinter liegt die Halbinsel Kassandra.

Es geht weiter hinunter in eine schöne **Bucht mit einer kleinen Insel**. Hier bietet eine Taverne Speis' und Trank. Etwa 20 Min. später erreichen wir die Einfahrt zum Campingplatz »Stavros«, und wenige hundert Meter weiter sind wir am **Campingplatz »Europa«**. Rechts von der Straße thront auf einer Bergkuppe das Wohnhaus des Reeders Carras, dem hier große Teile der Gegend gehören. Der Küstenabschnitt unter uns, den er besitzt, wurde auf sein Betreiben unter Naturschutz gestellt.

Es geht nun weiter entlang der Straße, wobei wir immer wieder außerordentlich schöne Blicke auf die Küstenlandschaft haben. Nach etwa 1 Std. sehen wir vor uns Neas Marmaras und Porto Carras wie aus dem Nichts auftauchen. Während Neas Marmaras den Eindruck hinterläßt, daß der Ort mit der Landschaft in Einklang steht, wirken die riesigen Betonklötze der Bettenburg von Porto Carras reichlich deplaziert. ¼ Std. später erreichen wir die Hauptstraße, der wir nach links folgen. Etwa 400 m weiter zweigt rechts die **Einfahrt zur Weinkellerei** ab, wo wir die Tour mit einem geführten Rundgang durch die Kellerei und einer Weinprobe beenden.

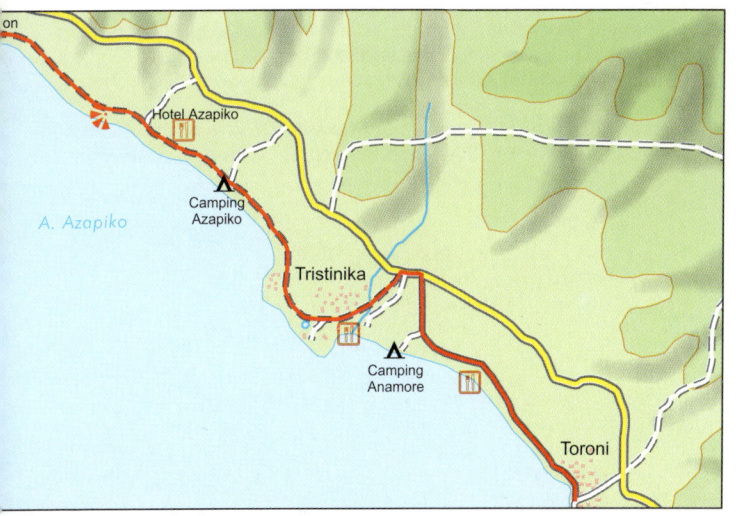

17 Von Neas Marmaras auf den Kostas

Von der Westküste Sithonias auf den höchsten Gipfel des Itamos

Neas Marmaras – Parthenonas – Ag. Ilias – Kostas – und zurück

Ausgangs- und Endpunkt: Taverna Drosea an der Hauptstraße etwa 1,5 km nördlich von Neas Marmaras.
Gehzeiten: Taverna – Parthenonas 2 Std., Parthenonas – Forstgebäude ½ Std., Forstgebäude – Furt ¼ Std. Furt – Kuppe ¾ Std., Kuppe – Kirche ½ Std., Kirche – Kostas ½ Std., Kostas – Kirche ½ Std., Kirche – Parthenonas 1½ Std, Parthenonas – Taverna 1½ Std.; Gesamtzeit 8 Std.

Höhenunterschied: Im An- und Abstieg jeweils 750 m.
Anforderungen: Wanderung auf Feld- und Forstwegen, kurz entlang Asphaltstraße, für Konditionsschwache oder Untrainierte ungeeignet. Weg bis Parthenonas markiert.
Einkehr: In Parthenonas Taverne. In Neos Marmaras Tavernen und Kafenia.
Variante: Abstieg nach Vourvourou auf der Ostseite der Sithonia (siehe Tour 11).

Die Wanderung auf den Kostas gehört sicher zu einer der schönsten Touren auf der gesamten Chalkidiki. Sie führt uns von dem größten Ort auf Sithonia hinauf auf deren höchsten Gipfel. Wir wandern zunächst auf Feldwegen bis zu dem kleinen Bergort Parthenonas, der bis vor wenigen Jahren noch von allen Bewohnern verlassen war. Erst in letzter Zeit wird der Ort nach und nach wieder besiedelt, man renoviert die teilweise verfallenen Häuser. Von dort geht es über eine Forststraße bis zu einer kleinen Kapelle mit einer schönen Rastmöglichkeit. Der Aufstieg auf den Gipfel, bis vor kurzem nur über schmale Ziegenpfade möglich, erfolgt heute über eine Schotterpiste. Sie wurde im Zuge der Feuerschutzmaßnahmen angelegt. Vom Gipfel aus haben wir einen unvergleichlichen Ausblick weit in die chalkidische Landschaft hinein.

Wir beginnen unsere Tour direkt an der **Taverna Drosea** an der Küstenstraße etwa 1,5 km nördlich des Zentrums von N. Marmaras. Links von der

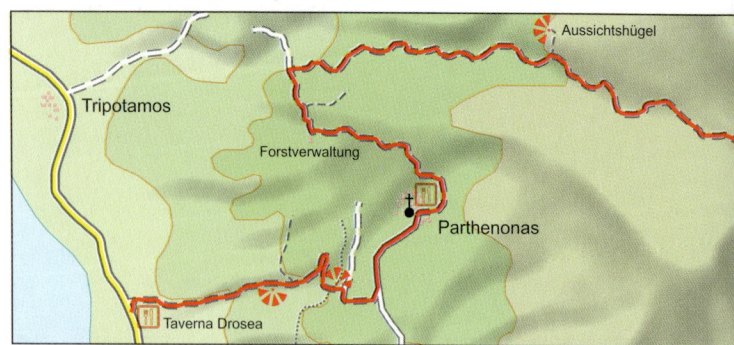

Fischerboot am Strand von N. Marmaras

Taverne führt ein unbefestigter Weg hinauf, der schon bald in eine Fahrstraße mündet. Hier gehen wir rechts. Der zunächst **betonierte Weg** geht nach wenigen Metern in einen unbefestigten **Feldweg** über. Der Weg schlängelt sich nun durch einen lockeren Olivenhain einen Hang hinauf. Der Blick hinunter auf den Ort und das Meer wechselt ständig. Für eine Weile werden die **Olivenbäume** durch einen **Nadelwald** ersetzt. Am Ende des Waldes werfen wir nochmals einen Blick zwischen die Olivenbäume auf den weit unter uns liegenden Golf von Kassandra.

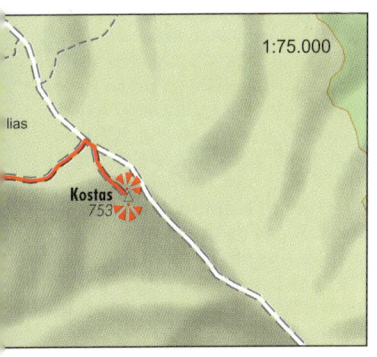

Der Weg steigt jetzt nur noch mäßig an. Wir kommen an einen links aufwärts abzweigenden Weg, wandern aber geradeaus weiter. Nach knapp 10 Min., auf einer Höhe von etwa 200 m, geht es steil abwärts in einen Taleinschnitt. Der Weg führt nun in einer Schleife um das Tal herum. Am Scheitelpunkt geht es wieder aufwärts.

Etwas später kreuzt ein kleinerer Weg. Von hier aus haben wir den ersten Blick auf Parthenonas. Wir können sehr schön sehen, wie sich das Bergdorf an den Hang schmiegt. Nur wenig weiter endet unser Weg. Nach links geht es aufwärts, wir gehen rechts, für eine kurze Strecke bergab, dann jedoch wieder aufwärts. Vor uns liegt malerisch Parthenonas. Kurz hinter einer scharfen Linkskurve – rechts liegt ein weißes Wohnhaus – erreichen wir die von N. Marmaras nach Parthenonas führende asphaltierte **Autostraße**. Wir gehen die Straße nach links aufwärts. Das Bergdorf rückt nun immer näher. Nach gut 10 Min. erreichen wir die ersten Häuser.

Wer den **Rückweg** zur anderen Seite antreten will, sollte sich nun ein wenig im Dorf umsehen. Viele Häuser sind noch verlassen und nur noch Ruinen. Mehr und mehr davon werden aber hübsch renoviert und von Griechen als Wochenendhäuser genutzt. In der netten **Taverne** mit dem wunderbaren Blick auf Kassandra und den Golf stärken wir uns für den weiteren Weg.

Anschließend gehen wir um die Taverne herum und oberhalb des Ortes aufwärts. Bald haben wir Parthenonas, das jetzt unter uns liegt, verlassen. Wir wandern nun auf kurvenreicher Strecke auf ein **Gebäude** der Forstverwaltung zu, das gut an dem davor stehenden **Windrad** zu erkennen ist. Etwa ½ Std., nachdem wir Parthenonas verlassen haben, erreichen wir in einer scharfen Rechtskurve die Zufahrt zum Gebäude. Wir wandern weiter auf dem Hauptweg entlang eines Höhenkammes. Im Norden sehen wir sehr schön den 567 m hohen Karvounas, der an den Sendemasten zu identifizieren ist, und rechts liegen die hohen Gipfel des Itamos mit dem Kostas.

Kirche Ag. Ilias.

20 Min. später erreichen wir eine **Furt**, die wir glücklicherweise die meiste Zeit im Jahr trockenen Fußes passieren können. Gleich dahinter zweigt rechts ein Weg ab, wir gehen aber links weiter. Etwa 400 m weiter zweigt nach rechts ein gleich breiter Weg aufwärts ab. Wir nehmen diesen Abzweig, der Richtung Osten führt, während der andere Weg weiter in nördlicher Richtung weist. Es geht nun kurvenreich durch **lichten Pinienwald** bergauf. In einer scharfen Rechtskurve zweigt nach links ein Weg ab, der nach wenigen Metern auf eine kleine Kuppe führt. Wir müssen hier rechts weiter, können jedoch zunächst einen Abstecher zur Hügelkuppe machen. Von dort sehen wir, auch nur wenig weiter, eine **zweite Kuppe**. Es lohnt sich, diese noch zu besteigen, weil wir von hier einen ausgezeichneten Blick auf den Norden Sithonias, das Innere der Chalkidiki und den Golf zur rechten und linken Seite haben. Hinter dem Abstecher geht es weiter durch lockeren

Das Bergdorf Parthenonas liegt malerisch an einem Hang.

Nadelwald. Zur Brandbekämpfung wurden hier in den letzten Jahren viele breite Feuerschneisen angelegt. ¼ Std. später gabelt sich der Weg. Links geht es abwärts. Wir wandern rechts weiter, immer noch aufwärts.
Gut 5 Min. später, in einer Höhe von etwa 680 m, haben wir die **kleine Kirche** des Propheten Ilias erreicht. Von hier bietet sich uns wieder ein atemberaubendes Panorama. Die kleine Kirche ist offen. Im Inneren betört uns der Duft von Weihrauch. Auf einem blanken Messingteller liegt das für Kerzen gespendete Geld. Einen Glockenturm im üblichen Sinne hat die Kirche nicht. Allerdings hängt hinter ihr in einer großen Kiefer eine Glocke. Auf der neben der Kirche liegenden Waldwiese können wir Kraft schöpfen für den letzten Teil des Aufstiegs.
Von der Kirche aus gehen wir den Schotterweg weiter aufwärts. Nach etwa 200 m geht es zunächst wieder abwärts, bis unser Weg in einer breiten Straße mündet. Hier gehen wir rechts. Nur wenige Meter weiter führt nach links abwärts ein Weg, der dann weiter entlang des Kammes Richtung Süden führt. Geradeaus weiter geht es steil bergauf auf den **Kostas**.
Bis zum Gipfel benötigen wir etwa 10 Min. Hier endet die Straße an einem **Wachturm** der Feuerwehr, der nur im Winter unbesetzt ist. Der Blick von der Aussichtsplattform nach Athos, Kassandra und weit ins Hinterland der Chalkidiki hinein ist grandios. Bei klarer Sicht kann man auf dem Athos einzelne Klöster erkennen. Die sehr hilfsbereiten Feuerwehrleute freuen sich über unseren Besuch, der ihnen etwas Abwechslung bringt. Nach einem Plausch und ausgiebiger Rast machen wir uns auf den **Rückweg**.

Athos

Während Kassandra relativ flach ist und Sithonia bereits Höhen von 800 m erreicht, ist der Athos, der östliche Finger, ein größtenteils bewaldetes Gebirgsmassiv. Im äußersten Süden steigt er mit dem »heiligen Berg« Athos bis 2030 m auf. Die gut 40 km lange und bis 10 km breite Halbinsel hat eine Fläche von 332 km². Sie hat im Norden eine schmale Stelle, bei Nea Roda, wo der Perserkönig Xerxes, ähnlich wie Kassandros auf Kassandra, einst einen Kanal gebaut haben soll.

Für Reisende ist freier Zugang zur Halbinsel nur im Norden möglich. Hinter Ouranopoli, der »Himmelsstadt«, liegt die Grenze zur Mönchsrepublik. Sie gehört zwar zum griechischen Staatsgebiet, hat aber eine teilweise autonome Verwaltung. Während im Mittelalter etwa 40.000 Mönche mehr als 300 Klöster bewohnten, leben heute um die 2000 Mönche in 20 Klöstern. Die Klosterordnung – Regeln und Gesetze für das Leben in der Mönchsrepublik – ist z. T. mehr als 1000 Jahre alt. Deshalb erscheint uns einiges davon ziemlich antiquiert. So ist z. B. der Besuch nur Männern über 18 Jahren gestattet, für Frauen aber tabu. Ihnen ist selbst das Anlanden untersagt. Männer können die »Mönchsrepublik« nicht einfach nach spontanem Entschluss besuchen, sondern erhalten nur Zugang, wenn sie im voraus eine Aufenthaltserlaubnis beantragt haben.

Hafen des bulgarischen Klosters Zographon an der Westküste der Halbinsel Athos.

Für alle, die während ihres Urlaubs auf der Chalkidiki einen ersten Eindruck von der ursprünglichen Schönheit des Athos erhalten wollen, sind im folgenden einige Wanderungen im nördlichen, frei zugänglichen Teil der Halbinsel beschrieben. Sie ermöglichen einen Blick über den Zaun hinein in das »verbotene Land«. Für diejenigen, die mit einer Aufenthaltsgenehmigung in der Tasche den von Mönchen bewohnten Teil besuchen möchten, werden im Anschluss wichtige Tips und Hinweise gegeben sowie lohnende Routen vorgeschlagen.

Athos-Mönch im Hafen von Ouranopoli.

18 An der Grenze zur Mönchsrepublik

Zur Grenze der Mönchsrepublik mit lohnendem Aussichtspunkt

Ouranopoli – Grenze – Aussichtsberg und zurück

Ausgangspunkt: Prosphorios-Turm (Endstation der Linie Ouranopoli – Thessaloniki).
Gehzeiten: Ouranopoli – Grenze ½ Std., Grenze – Aussichtsberg ¾ Std., Rückweg 1 Std.; Gesamtzeit 2¼ Std.
Höhenunterschied: Hin wie zurück 150 m.
Anforderungen: Einfache Wanderung auf Feldwegen.
Einkehr: Tavernen und Bars in Ouranopoli.
Hinweis: Weg im ersten Teil bis zur Grenze durch einen roten Kreis auf gelbem Grund markiert.

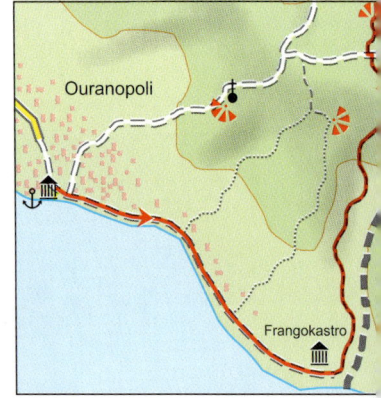

Bis zur Grenze der Mönchsrepublik wandern wir auf einem Feldweg entlang des Strandes. Er eignet sich hier aber schlecht zum Baden, weil er meist kiesig bis steinig ist. Der zweite Teil des Weges führt entlang der Grenze hinauf zu einem Aussichtspunkt, von dem aus wir zur anderen Seite des Athosfingers, auf den Golf von Ierissos, blicken können.

Wir starten die Tour am **Prosphorios-Turm**, dem Wahrzeichen der 750 Menschen zählenden Gemeinde Ouranopoli. Der weithin sichtbare, fünfstöckige Turm stammt aus byzantinischer Zeit aus der Mitte des 14. Jahrhunderts. Wir wandern auf der für wenige Meter noch asphaltierten Straße Richtung Südosten aus dem Ort hinaus. Auf der linken Seite stehen Tavernen und Hotels, rechts liegt das Meer. Bald endet die Bebauung, und wir wandern zwischen Gärten und dem Strand auf dem Feldweg weiter.

Kurz vor der Grenze passieren wir die links des Weges liegenden Ruinen einer fränkischen Burganlage, »**Frangokastro**« genannt. Die mehr als tausendjährigen Gemäuer waren über Jahrhunderte sich selbst überlassen. Erst in jüngerer Zeit haben Archäologen ihr Interesse an dem Bauwerk entdeckt und mit Ausgrabungen begonnen. Dächer schützen einen Teil der Anlage vor Erosion. Nur wenig weiter stehen wir in einem kleinen Olivenhain nahe an der Mönchsrepublik. Die Grenze bildet hier eine **Betonmauer** mit einem Zaun darauf. Direkt an der Mauer steht ein Wachhäuschen der Hafenpolizei. Ein gelbes Hinweisschild erklärt mehrsprachig, was alles verboten ist. Wenn wir hier etwas Richtung Strand gehen, können wir von einem Felsen einen Blick über die Mauer in das »verbotene Land« riskieren. Zu

Ouranopoli von Westen.

sehen gibt es allerdings nicht viel. Deshalb können wir bald den zweiten Teil der Tour angehen. Wir entfernen uns wieder vom Strand und können links neben einem meist trockenen Bachbett gerade noch einen Feldweg im Gelände ausmachen. Er verläuft parallel zur Grenze, die im weiteren Verlauf ein alter, löcheriger Zaun darstellt. Der Weg führt uns, nun leicht bergauf und besser sichtbar, in einen schönen alten **Kiefernwald**. Bald wird der Weg steiler und der Wald lichter. Wir wandern nun in schattenloser Phrygana weiter auf dem Feldweg. Rechts ragt steil ein bewaldeter Hang auf, der zum Gebiet der Mönche gehört. Entlang des Weges stehen **Erdbeerbäume**, die besonders im Herbst mit ihren roten Früchten für schöne Farbtupfer in der Landschaft sorgen. Beim Zurückschauen haben wir schöne Blicke durch den Taleinschnitt auf Sithonia und den davor liegenden Golf.

Dort, wo der Feldweg an einem geschotterten **Fahrweg** endet , haben wir die Höhe erreicht und sind fast am Ziel. Wir gehen auf dem Fahrweg nach links und knapp 20 m weiter schon wieder rechts in einen Feldweg. Erst vorbei an einem ausrangierten **Mähdrescher**, etwa 100 m weiter an einer Wellblechhütte und dann an einer Reihe von **Bienenkörben** erreichen wir eine mit Gras bewachsene Hügelkuppe. Von dort haben wir einen herrlichen Blick auf die andere Seite des Athosfingers, den Golf von Ierissos. Unter Kiefern finden wir ein schattiges Plätzchen, wo wir vor dem **Rückweg**, der auf der gleichen Route erfolgt, eine Pause einlegen können.

19 Zum Klosterblick

Rundwanderung oberhalb von Ouranopoli

Ouranopoli – Klosterblick – Ouranopoli

Ausgangspunkt: Prosphorios-Turm (Endstation der Linie Ouranopoli – Thessaloniki).
Gehzeiten: Ouranopoli – Klosterblick 1 Std., Klosterblick – Ouranopoli ¾ Std.; Gesamtzeit 1¾ Std.
Höhenunterschied: 150 m.
Anforderungen: Einfache Wanderung auf Feldwegen und durch Olivenhaine.
Einkehr: Tavernen und Bars in Ouranopoli.
Hinweis: Um das Kloster in bestem Licht zu sehen, muß man sich nachmittags auf den Weg machen, da es dann von der Sonne voll angestrahlt wird. Allerdings liegen dann Ouranopoli und Sithonia im Gegenlicht.

Der Rundwanderweg führt uns auf die Hänge oberhalb Ouranopolis. Von dort haben wir herrliche Ausblicke auf den Ort mit seinem mächtigen Turm, auf den Hafen und auf die Halbinsel Sithonia mit dem Golf und der vorgelagerten Insel Amoliani. Vom »Klosterblick« aus können wir im Osten ein großes Kloster erspähen.

Wir beginnen unsere Wanderung am **byzantinischen Turm** und gehen entlang des Strandes aus dem Ort Richtung Südosten hinaus. Die Teerstraße wird schon bald zu einem staubigen Feldweg. Bald kommen wir an eine links liegende Bungalowanlage. Hier, an der »**Bar Skites**«, zweigen wir nach links ab. Jetzt müssen wir auf eine **Mauer** mit einem Stromzähler achten, die 100 m weiter auf der linken Seite steht. Hier gehen wir rechts und gleich wieder links. Wir wandern jetzt auf einem Feldweg, der zwischen lockeren Olivenhainen steil bergauf geht. Während des Anstiegs lohnt es sich, immer wieder einen Blick zurück auf Sithonia und den Golf mit der Insel Amoliani zu werfen. Links und rechts gehen von der Route verwachsene Wege ab.

Schon bald mündet unser Weg in einem weiteren Feldweg. Hier finden wir auch wieder einen Hinweis, der uns nach rechts zum »**Monastery View**« lenkt. Wenig später stehen wir auf einer Hügelkuppe, wo wir einen ersten Blick auf das Kloster im Osten werfen können. Zurück sehen wir Sithonia, Amoliani mit den vorgelagerten Inseln und Ouranopoli mit seinem Turm. Wir gehen den Weg weiter und kommen durch eine Senke auf eine mit **Olivenbäumen** bestandene Wiese – ein herrlicher, schattiger Rastplatz mit einem Superblick auf das Kloster, Ouranopoli und Sithonia. Von diesem Ort möchte man sich gar nicht mehr trennen. Wer hier ein wenig die Augen aufmacht,

Blick zum Berg Athos und auf das Kloster.

wird eine Reihe seltener Tiere zu Gesicht bekommen, wie z. B. Eidechsen oder die bizarren Gottesanbeterinnen.
Für den **Rückweg** gehen wir auf dem Feldweg weiter, den ab hier schon lange kein Fahrzeug mehr befahren hat. Er führt steil bergab, zunächst ohne Schatten, bis wir in einen Pinienwald gelangen. Hinter dem Wald geht es durch einen Olivenhain und auf einem Feldweg quer durch ein Weinfeld, Dahinter erreichen wir den Küstenweg, etwas östlich der Stelle, wo wir ihn auf dem Hinweg verlassen haben. Nun bleibt ein kurzer Weg, bis wir in Ouranopoli die Tour in einer Taverne oder im Kafenion ausklingen lassen können.

20 Von Ouranopoli nach Koumitsi

Wanderung vom Golf Agion Oros bis zum Golf von Ierissos

Ouranopoli – Koumitsi – Ouranopoli

Ausgangspunkt: Prosphorios-Turm (Endstation der Linie Ouranopoli – Thessaloniki).
Gehzeiten: Ouranopoli – Kapelle ½ Std., Kapelle – Aussichtspunkt ¾ Std., Aussichtspunkt – Koumitsi 1 Std., Koumitsi – Aussichtspunkt 1¼ Std.; Aussichtspunkt – Kapelle ¾ Std.; Kapelle – Ouranopoli ¼ Std.; Gesamtzeit 4½ Std.
Höhenunterschied: Je 150 m für Hin- und Rücktour.
Anforderungen: Wanderung auf Feld- und Forstwegen, für Konditionsschwache und Unerfahrene nicht geeignet, rot markiert.
Einkehr: In Ouranopoli Tavernen und Kafenia, in Koumitsi Taverne (nur Sommer).
Variante: Weg von Koumitsi nach Nea Roda (etwa 2½ Std., siehe Tour 21).
Hinweis: Badesachen nicht vergessen.

Schiffe im Hafen von Ouranopoli.

Die Wanderung führt vom Golf Agion Oros über einen Höhenkamm im westlichen Ausläufer des Athos auf die andere Seite der Halbinsel an den Golf von Ierissos. Unterwegs kommen wir an einigen schattigen Rastplätzen vorbei, die einen schönen Ausblick bieten.
Wir beginnen die Wanderung am **Prosphorios-Turm**, der direkt am Hafen von Ouranopoli liegt. Von dort gehen wir Richtung Südosten auf der Asphaltstraße. Schon bald passieren wir das kleine, rechts liegende Gebäude

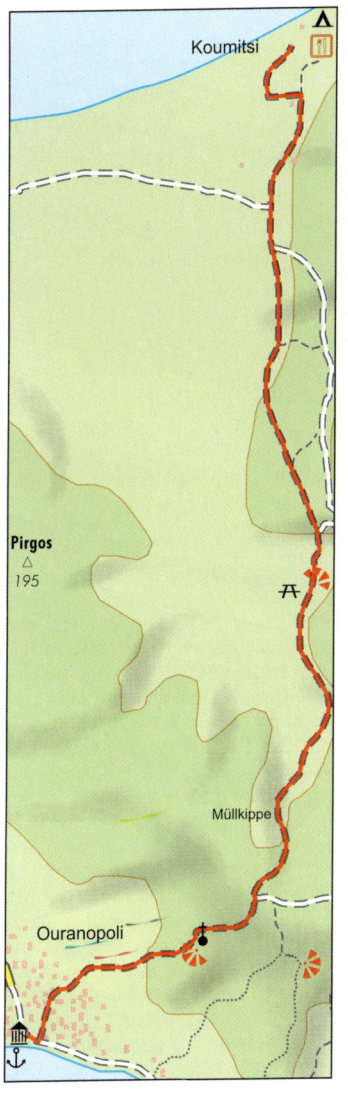

vom O.T.E., der griechischen Telekom. 30 m weiter, beim **Restaurant »Mavros«**, müssen wir nach links abzweigen. Nun geht es aufwärts. Wir gehen an der Schule vorbei, die Asphaltstraße geht in einen unbefestigten Weg über. Etwas weiter passieren wir einen rechts liegenden Servicebetrieb mit **Winterlager** für Motorboote.

Der Weg wird nun steiler, und etwa 500 m nach dem Bootsbetrieb gelangen wir bei einem Haus an eine Abzweigung. Hier weist ein kleines **Schild** nach rechts zur »Astynomia Police«, der Hafenpolizei bei Koumitsi. Diesen Hinweis auf die Hafenpolizei finden wir auf der Wanderung noch an anderen Stellen. Ein Blick zurück zeigt uns den Turm von Ouranopoli und den Hafen. Wir wandern weiter aufwärts durch Weinfelder und kommen bald an ein kleines Kiefernwäldchen mit einer **Kapelle**. Holzbänke und Tische laden zu einer Rast ein. Eine Quelle spendet frisches Wasser, und der Blick hinunter nach Ouranopoli, Amoliani und Sithonia ist faszinierend.

Hinter dem Kiefernwäldchen geht es immer noch leicht bergauf. Etwa 500 m weiter liegt rechts ein **eingezäuntes Grundstück**. Dahinter zweigt nach rechts ein Weg ab. Der **Wegweiser** für Wanderer gibt mit Gehzeiten von 2½ Std. nach Koumitsi und 1 Std. nach Ouranopoli Zeiten für »Schneckenwanderer« an. Rechts geht es über den »Klosterblick« (siehe Tour 19) nach Ouranopoli. Wir wandern weiter geradeaus und befinden uns nun auf ei-

Blick auf den Golf von Ierissou.

ner Art Plateau, wo der Weg immer hügelig leicht bergauf und dann wieder bergab verläuft. **Ältere Kiefern** spenden Schatten. Wir passieren einen **Ziegenpferch** und kommen in einiger Entfernung an einer Müllkippe vorbei, die rechts in einem Talkessel liegt. Zum Glück können wir nicht viel von der Kippe sehen, sie bei ungünstigem Wind aber leider riechen. Und der Müllgeruch will so gar nicht zu dem aromatischen Duft des Waldes und dem von Kräutern und Blumen passen. Der Weg gabelt sich, rechts geht es zur Müllkippe, geradeaus weiter weist uns wieder ein **Schild** zur »Astynomia Police.«

Der Weg führt nun in **Serpentinen** abwärts. Die Kiefern werden weniger, und mehr und mehr macht sich die Phrygana breit. Der Weg wird steiler, und in einer Linkskurve erreichen wir einen kleinen Rastplatz mit einer Bank, von der man eine schöne Aussicht genießen kann. Hinter dem Rastplatz geht es weiter steil bergab. Rechts liegt nun ein Bachbett, das aber die meiste Zeit im Jahr trocken ist. Dahinter verläuft parallel ein Weg, der zu unserem in unregelmäßigen Abständen Querverbindungen hat.

Kurz hintereinander passieren wir **drei Betonfurten**. Hinter der letzten haben wir die Küstenebene erreicht. Der Weg fällt jetzt nur noch sanft ab. Von rechts stößt der Parallelweg auf unseren. Kurz darauf kommen wir an einer **Ruine** vorbei, auf der anderen Straßenseite ist eine Viehtränke. 50 m weiter zweigt nach links der Weg nach Nea Roda ab (siehe Tour 21). Wir gehen geradeaus weiter und kommen schon bald an einem **Weingut** von Tsantali vorbei. Etwa 500 m weiter stehen rechts des Weges fest verankert einige Mülleimer und links in einem eingezäunten Grundstück ein **Wochenendheim**. Gleich hinter dem Grundstück zweigen wir links ab. Dieser Weg bringt uns nach einer Rechtskurve nach wenigen hundert Metern in die **Bucht von Koumitsi**. Der **Rückweg** erfolgt auf der gleichen Route.

Prosphorios-Turm im Hafen von Ouranopoli.

21 Von Nea Roda nach Koumitsi

Wanderung zu einem der schönsten Badestrände des Athosfingers

Nea Roda – Koumitsi – und zurück

Ausgangspunkt: Hafen von Nea Roda
Gehzeiten: Nea Roda – Koumitsi 2½ Std., Rückweg 2½ Std.; Gesamtzeit 5 Std.
Höhenunterschied: Hin und zurück je 30 m.
Anforderungen: Wanderung auf Feldwegen. Nicht für konditionsschwache und unerfahrene Wanderer geeignet.
Einkehr: In Nea Roda Tavernen. In Koumitsi eine Taverne am Strand, die aber nur im Sommer geöffnet ist.
Varianten: Von Koumitsi aus nach Ouranopoli (siehe Tour 20)
Hinweis: Badesachen nicht vergessen.

Die Wanderung an den etwa 2 km langen Sandstrand von Koumitsi an der Grenze zur Mönchsrepublik führt meist nah entlang der Küste über unbefestigte Feldwege. Der Weg war einmal gut markiert, inzwischen sind aber die meisten Hinweisschilder entfernt worden. Einen eigentlichen Ort gibt es am Ziel nicht. Im Sommer wird am Strand, der sich hervorragend zum Baden eignet, eine Taverne betrieben. Von der Bucht aus haben wir einen phantastischen Blick auf den Golf von Ierissos, auf Stratoni im Nordwesten und auf das Kap Arapis mit seinem 212 m hohen Petrovouni.

Wir starten am kleinen, malerischen **Fischerhafen** im Nordosten des Ortes. Entlang des Hafens wandern wir zur **Felsenkirche**, die auf einer kleinen Anhöhe über dem Hafen thront. Von hier haben wir einen schönen Blick auf den Hafen und Ort. Von der Kirche aus wandern wir auf dem unbefestigten Fahrweg weiter Richtung Osten entlang der Klippen, bis wir schon nach kurzer Zeit an eine **Bucht** gelangen. Wir bleiben hier auf dem Fahrweg oberhalb der Bucht. Etwa im Scheitelpunkt zweigt rechts ein Weg ab, dem wir folgen.

Schon nach 200 m endet der Weg an einer breiteren, unbefestigten Fahrstraße. Hier gehen wir nach links. Für eine Weile wandern wir jetzt durch Felder,

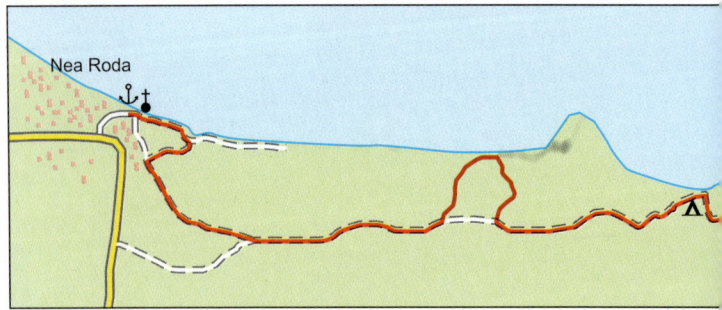

Blick auf Nea Roda, vorne der Hafen.

bis wir einen **Kiefernwald** erreichen. Kurz darauf gabelt sich der Weg. Der Hauptweg, auf den wir später wieder stoßen, führt geradeaus weiter. Wir zweigen hier links ab und kommen an einer schönen **Kiesbucht** wieder nah ans Wasser. Leider ist die Bucht sehr durch Müll verdreckt.

Hinter der Bucht geht es aufwärts auf ein kleines Plateau, von wo aus wir nach rechts auf dem Weg in **steilen Serpentinen** aufwärts wandern. Vom höchsten Punkt, einer kleinen Hügelkuppe aus, haben wir einen schönen Blick auf den Golf von Ierissos und die Bucht von Koumitsi. Es geht jetzt abwärts, und nach wenigen hundert Metern haben wir wieder den Hauptweg erreicht, dem wir nach links folgen.

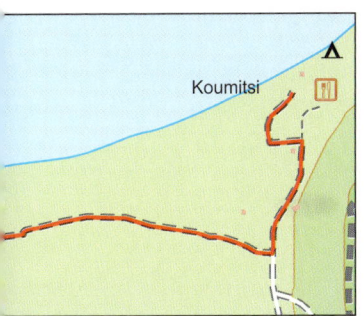

Wir bleiben auf dem Hauptweg, bis sich nach etwa 500 m die Straße gabelt. Ein handgemaltes Schildchen weist uns nach links Richtung »**Koumitsa Beach**«. Durch Phrygana geht es nun abwärts bis auf Meeresniveau. Bei einem kleinen Pappelwäldchen kommen wir wieder an einen Strand, der leider recht unsauber ist. Rechts liegt ein privater Campingplatz, und gleich dahinter führt der Weg im rechten Winkel vom Strand weg. Wir bleiben auf dem Weg, der schon bald wieder nach links schwenkt und nun einige Zeit parallel zum Strand verläuft. Die rechts und links abzweigenden Feldwege ignorieren wir. Nächste Station ist ein kleiner **Laubwald**, der eine ganze Reihe unterschiedlicher Vogelarten beherbergt. Im Schatten der alten Bäume läßt sich gut eine Pause einlegen.

Felsenkirche in Nea Roda.

Mit Blumen bewachsenes Haus in Nea Roda.

Das Ziel ist nun nur noch knapp ½ Std. entfernt. Etwa 500 m hinter dem Wald endet die Straße. Rechts geht es weiter nach Ouranopolis (siehe Tour 20). Wir gehen nach links und kommen schon bald an einem **Weingut** von Tsantali vorbei. Aufpassen müssen wir etwa 500 m weiter. Hier stehen rechts des Weges fest verankert einige Mülleimer und links in einem eingezäunten Grundstück ein **Wochenendheim**. Wir zweigen hier gleich hinter dem Grundstück links ab, und der Weg bringt uns nach einer Rechtskurve nach wenigen hundert Metern in die **Bucht von Koumitsi**.

22 Von Tripiti nach Xiropotamo

Einsames Küstendorf mit feinem Sandstrand und sehenswerter Ruine

Tripiti – Xiropotamo – Tripiti

Ausgangspunkt: Tripiti (Haltestelle der Linie Ouranopoli – Thessaloniki).
Gehzeiten: Tripiti – Xiropotamo ¾ Std., Xiropotamo – Tripiti ¾ Std.; Gesamtzeit 1½ Std.
Höhenunterschied: Jeweils 50 m für Hin- und Rücktour.
Anforderungen: Einfache Wanderung auf Feld- und unbefestigten Fahrwegen, teilweise Wanderung am Strand möglich. Schatten nur am Start- und Zielort.
Einkehr: Kleine Taverne in Xiropotamo, während der Saison geöffnet.
Varianten: Von Xiropotamo in 1¼ Std. nach Ierissos (siehe Tour 24).
Hinweis: Badesachen nicht vergessen.

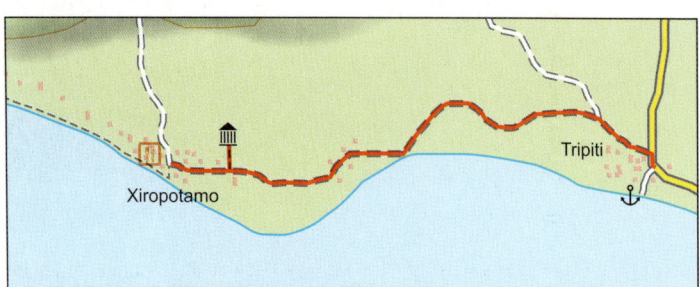

Die Wanderung führt in ein kaum berührtes kleines Dorf am Golf von Agion Oros. Hier finden wir einen erstklassigen, langen Sandstrand vor. Wer sich für Geschichte interessiert, kann sich in der Nähe des Dorfes die Ruinen einer alten Burg ansehen.

Wir starten die Tour in Tripiti an der **Abzweigung** von der Hauptstraße zur Fähre nach Amoliani und wandern etwa 50 m entlang der nach Ierissos führenden Straße. Gleich hinter der Rechtskurve biegen wir links in eine Straße ab, die schon nach weiteren 50 m in einen unbefestigten Fahrweg übergeht. Der Weg ist hier von **stilvollen Laternen** gesäumt, die bis zu einem Night Club reichen, der links des Weges steht. Etwa 100 m hinter dem Club müssen wir nach links auf einen Feldweg abbiegen.

Der Weg führt an einigen Häusern vorbei hinauf auf eine **Hügelkuppe**. Zwischen Gärten, Feldern und Olivenhainen geht es auf eine weitere Hügelkuppe vor uns. Von hier gehen wir wieder abwärts bis an den Strand, der hier allerdings noch von sehr grobem Kies gebildet wird. Unten angekommen, können wir links von uns den Fähranleger in Tripiti sehen.

Die verbleibenden 1,5 km bis Xiropotamo können wir jetzt entweder direkt am Strand wandern oder weiter auf dem Feldweg. Wer die Ruine aus der

Ruine im Osten von Xiropotamo.

Nähe sehen will, sollte auf dem Feldweg bleiben. Dieser führt nach etwa 500 m vom Strand weg, bis er wenige einzeln stehende Häuser erreicht. Rechts vom Weg liegen Gärten und Olivenhaine und links Naßwiesen mit Sauergräsern und Schilf. Rechts voraus ist der **Hügel mit der Burgruine** in Sicht.

Etwa 100 m vor den ersten Häusern des eigentlichen Ortes – wir sind jetzt etwa auf der Höhe des Burghügels – führt nach rechts ein unscheinbarer Pfad zum Fuß des Hügels. Wer die Ruine aus nächster Nähe sehen will, kann auf diesem Pfad zu ihr gelangen. Die Ruine ist frei zugänglich, aber Vorsicht kann nicht schaden, weil das Gemäuer sehr brüchig ist.

Von der Ruine gehen wir wieder zum Feldweg zurück, der uns weiter bis ins Dorf führt. Hier gehen wir den ersten Weg nach links und stehen dann nach wenigen Metern im »Zentrum« von Xiropotamo am **überdachten Dorfbrunnen**. Einzig die Telefonzelle erinnert daran, daß wir uns in der Neuzeit befinden und nicht in einer längst vergangenen Zeit.

Vom Dorfplatz sind es nur wenige Schritte bis an den sauberen **Sandstrand**, der sich bis weit nach Westen zieht. Wenn wir hier etwa 100 m weiter westwärts gehen, kommen wir zur kleinen **Fischtaverne** des Dorfes. Wer noch Lust und Zeit hat, sollte noch ein Stück des Weges entlang des Strandes weiter wandern.

23 Ierissos

Kurzwanderung zu Werften und einem historischen Turm

Hafen – Zentrum – byzantinischer Turm

Ausgangspunkt: Fischerhafen (Busstation der Linie Ouranopoli – Thessaloniki).
Endpunkt: Byzantinischer Turm, ca. 1½ km nördlich vom Ort, an der Straße nach Stratoni.
Gehzeiten: Hafen – Zentrum ¼ Std., Zentrum –Turm ¼ Std.; Gesamtzeit ½ Std.
Höhenunterschied: Keiner.
Anforderungen: Einfache Wanderung entlang des Strandes und auf Fußwegen.
Einkehr: Tavernen und Kafenia im Ort.
Variante: Dienstag vormittag Markt, vielfältiges Angebot, auf einer Parallelstraße zur Verbindung Ierissos – Ouranopoli. Die Marktstraße zweigt ganz in der Nähe des Ortskerns von der Straße nach Gomati ab.

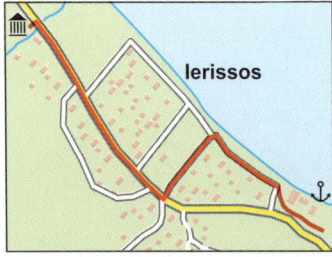

Der Weg führt uns zunächst zu einigen Werften, die am Strand, z. T. unter freiem Himmel, in althergebrachter Weise Fischerboote, »Kaikis« genannt, bauen. Die Betriebe gehören zu den wenigen, die diese Boote noch ganz aus Holz bauen. Dann geht es ins Zentrum des Ortes mit seinen Geschäften, Tavernen und Kafenia. Auf einem Fußweg wandern wir dann, am anderen Ortsende, zu einem gut erhaltenen Wehrturm aus byzantinischer Zeit.

Markt in Ierissos.

Werft in Ierissos.

Wir beginnen unsere Tour am kleinen **Fischerhafen** des Ortes, der an der nach Ouranopoli führenden Straße am Ortsausgang liegt. Nach einem Blick auf den Hafen gehen wir Richtung **Werften**, die hier am Strand direkt an der Straße liegen. Bereits von hier aus können wir gut den Schiffbauern über die Schulter schauen. Wir können jetzt durch einen der Betriebe zum Strand gehen und dort weiter Richtung Zentrum. Oder wir bleiben auf der Straße und gehen dort, wo die Straße nach links vom Wasser weg verläuft, weiter geradeaus. Gleich hinter den Werften stehen einige abbruchreife Häuser. Gut können wir hier den Aufbau der Wände sehen, die aus mit Lehm beworfenem Holz bestehen. Bald darauf fängt die schöne Uferpromenade an. In Höhe der ins Meer gebauten Seebrücke gehen wir nach links und kommen schon nach wenigen Metern ins **Zentrum von Ierissos** mit seinen Geschäften, Tavernen und Kafenia. Am Ende des kleinen, rechts liegenden **Parks** gehen wir wieder rechts. Wir befinden uns nun auf der nach Stratoni führenden Straße. Hier wandern wir aus dem Ort hinaus. Nach etwas mehr als 1 km überqueren wir, gleich hinter einer **Tankstelle**, einen kleinen Fluß, der die meiste Zeit im Jahr ausgetrocknet ist. Und gleich dahinter geht es links zu dem noch gut erhaltenen **Turm**, der z. Z. leider nicht von innen besichtigt werden kann.

24 Hügelkamm im Süden von Ierissos

Rundwanderung mit spektakulärem Ausblick auf beide Seiten der Landenge

Ierissos Zentrum – Hügelkamm – Ierissos Zentrum

Ausgangs- und Endpunkt: Zentrum des Ortes (Bus Ouranopoli – Thessaloniki).
Gehzeiten: Ierissos – Hügelkamm 1 Std., Rückweg ¾ Std.; Gesamtzeit 1¾ Std.
Höhenunterschied: 150 m.
Anforderungen: Tour auf Feld- und unbefestigten Fahrwegen, kein Schatten.
Einkehr: Kafenia und Tavernen im Ort.
Variante: Vom Hügelkamm nach gut 2 km auf Fahrweg nach Xiropotamo am Golf von Agion Oros, langer Sandstrand. Ursprüngliches Dorf mit Taverne (nur Sommer), keine Buslinie. Vom Ort Wanderweg nach Tripiti (Ouranopoli – Ierissos, siehe Tour 22).
Hinweis: Für Variante Badesachen.

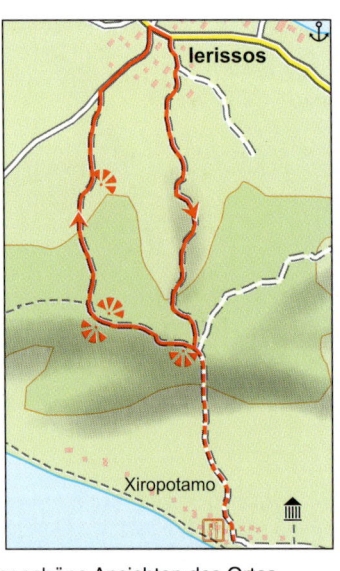

Die Wanderung führt auf einen Hügelkamm im Süden des Ortes. Auf dem Hinweg haben wir ständig wechselnde Aussichten auf Ierissos und den gleichnamigen Golf dahinter. Auf dem Kamm selbst können wir nach Süden auf den Golf Agion Oros und auf den Golf von Ierissos blicken. Der Rückweg bietet dann wieder schöne Ansichten des Ortes.

Wir starten unsere Tour im **Zentrum** des Ortes und wandern zunächst entlang der nach Ouranopoli führenden Hauptstraße. Etwa nach 500 m, an einer Bushaltestelle, beschreibt die Straße eine Linkskurve. Dort gehen wir geradeaus weiter auf den **unbefestigten Weg**, den wir aber schon nach 50 m wieder rechts in einen schmalen **Feldweg** verlassen. Nun geht es aufwärts. Rechts liegen Felder, links erhebt sich ein Hügel, mit Phrygana und einzelnen, herausragenden **Zypressen** bestanden. Auf der Kuppe wurden antike Siedlungsreste gefunden. Voraus sehen wir die Sendemasten auf dem Hügelkamm stehen, zu dem unsere Wanderung führt. Von Zeit zu Zeit lohnt sich ein Blick zurück auf den Ort, der sich uns in ständig wechselnden Ansichten präsentiert. Wir passieren ein eingezäuntes Gelände und stoßen gut 10 Min. später auf einen breiten **Fahrweg**. An der Ecke auf der linken Seite steht ein **Marterlhäuschen**. Von hier aus sehen wir zum ersten Mal den Golf auf der anderen Seite der Landenge und unter uns, an der Küste, den kleinen Ort Xiropotamo. Atemberaubend schön ist der Blick auf Sithonia und

Amoliani sowie auf Athos mit dem alles überragenden »heiligen Berg«. Leider ist die Luft nur selten klar, so daß man den Berg, wenn überhaupt, nur schemenhaft erkennen kann.

Wer sich für die Variante entscheidet, geht hier links und folgt der Fahrstraße abwärts bis nach Xiropotamo. Für die anderen heißt es nun, nach rechts auf der meist sehr staubigen **Fahrstraße** weiterzugehen. Wir wandern nun auf dem **Hügelkamm** und haben zu beiden Seiten der Landenge grandiose Ausblicke. Nach etwa 400 m passieren wir in einiger Entfernung die **Sendemasten**. Der Weg führt jetzt durch Felder leicht bergab in nordwestlicher Richtung. Immer noch können wir auf beide Seiten der Landenge blicken. Von Zeit zu Zeit zweigen kleinere Feldwege ab. Wir bleiben aber auf dem Hauptweg. Kurz hinter einer Abzweigung nach links wendet sich die Straße mehr in Richtung auf den Ort. Wir wandern nun in nördlicher Richtung weiter. Etwas später kommen wir an eine **kleine Kapelle**, die am Rande einer Kuppe liegt. Auf die steigen wir und genießen nochmals den Blick auf Ierissos und die umgebende Landschaft. Die Kuppe bietet auch einen schönen Rastplatz, allerdings ohne Schatten. Unser Weg führt uns weiter auf der Fahrstraße abwärts. Gut 15 Min. später stoßen wir auf die nach Gomati führende, ebenfalls unbefestigte Straße. Wir wenden uns rechts und kommen schon bald an die ersten Häuser von Ierissos. Vorbei an einer **Wasserstelle** erreichen wir dann in wenigen Minuten das **Zentrum** des Ortes und sind wieder am Ausgangspunkt der Wanderung angelangt.

Am Strand von Xiropotamo.

25 Amoliani

Wanderung vom Hafen zur Ostspitze (Megali Amos) und nach Aliki

Hafen – Megali Amos – Aliki – Hafen

Ausgangspunkt: Fährhafen auf Amoliani.
Gehzeiten: Hafen – Salzsee ¼ Std., Salzsee – Ostspitze ¾ Std., Ostspitze – Salzsee ¾ Std., Salzsee – Aliki ¼ Std., Aliki – Hafen ½ Std.; Gesamtzeit 2½ Std.
Höhenunterschied: Je 10 m für Hin- und Rückweg.
Anforderungen: Einfache Wanderung auf Feld- und Forstwegen, selten Schatten.
Einkehr: In Megali Amos Campingplatz mit Taverne, kurz davor Fischtavernen; in Aliki Imbiß, Kafenion, Taverne. Kafenia und Tavernen am Hafen.
Varianten: Vom Salzsee geradeaus weiter in wenigen Min. zur Bucht »Aliki«, sauberer Strand mit kristallklarem Wasser.
Hinweis: Überfahrt von Tripiti knapp ¼ Std., im Sommer fast stündlich, Fahrkarten an Bord für DM 1,-. Badesachen nicht vergessen.

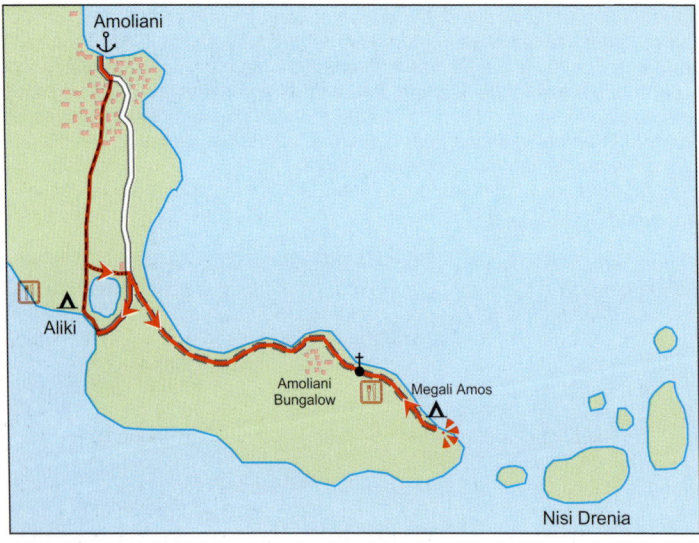

Die Wanderung führt vom Hafen zunächst durch den Ort bis zu einem ausgetrockneten Salzsee. Von dort geht es an der Nordküste der Insel entlang bis zu ihrer Ostspitze. Auf diesem Weg haben wir schöne Ausblicke auf Athos mit Ouranopoli. Dann geht es wieder zurück bis zum Salzsee, von wo aus wir in kurzer Zeit nach Aliki, zu einer der schönsten Buchten Griechenlands wandern.

Bucht an der Ostspitze Amolianis.

Wir beginnen die Wanderung im **Hafen** und gehen auf der Hauptstraße durch den Ort. Nach gut 200 m passieren wir einen links liegenden Supermarkt. Etwa 100 m weiter liegt rechts ein Supermarkt mit einem gelben Werbeschild und kurz darauf, in einer leichten Linkskurve, ein weiterer Supermarkt mit einem blauen Gitter. Gleich hinter dem **dritten Markt** biegen wir rechts ab. Links liegt eine Schule. Wir gehen weiter geradeaus und kommen an einem relativ großen **Marterlhäuschen** vorbei, das wie ein Schilderhäuschen aussieht. Kurz darauf passieren wir ein **Baustofflager**. Die Bebauung wird lichter, und zwischen Gärten und eingezäunten Olivenhainen erreichen wir den ausgetrockneten **Salzsee**. Der See diente früher zur Gewinnung von Salz. Man pumpte Seewasser hinein und ließ es dann verdunsten. Übrig blieb das »weiße Gold«.

Wer in die Bucht nach Aliki will, geht hier geradeaus weiter. Wir orientieren uns nach links und wandern auf einem kleinen Pfad bis hinauf zur Asphaltstraße, wo wir genau gegenüber einer Schotterpiste ankommen, die zur Ostspitze führt. Links liegt ein markanter »**Dancing Night Club**«, weiß und blau gestrichen. Auf der breiten Schotterpiste geht es nun weiter. Links liegt ein Strand – aber Geduld, es kommen noch weitaus bessere. Wir kommen zu einer Bungalowsiedlung (»Amoliani Bungalow«). Dort wurde am Strand ein einladender Rastplatz eingerichtet. Dahinter gehen wir an zwei schönen Sandbuchten entlang, die durch ein **felsiges Kap** voneinander getrennt sind. Die Landschaft rechts ist mit Phrygana bedeckt, die von Olivenbäumen durchsetzt ist. Die Straße wird schmaler und führt zwischen zwei Häusern durch. Etwas später kommen wir an eine weitere Bucht. Hier steht eine **kleine Kirche**, etwas weiter warten zwei Fischtavernen. Der riesige Parkplatz vor der zweiten schreckt ein wenig vor einem Besuch dieser Taverne ab.

Die Bucht wird durch ein felsiges Kap abgeschlossen. Dahinter führt der Weg etwas aufwärts. Unter uns liegt nun eine kleine, felsige Bucht. Gleich dahinter erreichen wir unser Ziel, eine große, schöne **Sandbucht**. Hier finden wir auch den Campingplatz »Megali Amos« mit seiner etwas erhöht liegenden Taverne, von wo wir einen schönen Blick auf die gegenüberliegende Küste mit Ouranopoli haben.

Am Ostende der Bucht steigen wir noch zu dem **Marterlhäuschen** hinauf. Die kleinen vorgelagerten Inseln Nisi Drenia liegen hier zum Greifen nahe.

Auf der Fähre nach Amoliani.

Alikes auf Amoliani.

Der Blick auf Amoliani Stadt und das gegenüber liegende Ufer mit Tripiti und Ouranopoli ist grandios – und der Berg Athos ragt hinter einer der Inseln hervor. Den Rückweg treten wir auf der gleichen Route an. Wenn wir die Asphaltstraße erreicht haben, gehen wir auf dieser nach links und sind in wenigen Minuten am Ostende der Bucht von Aliki. Der feine Sandstrand ist sauber und das Wasser kristallklar. Hier können wir den Tag am Strand und im Wasser ausklingen lassen.

Für den **Rückweg** gehen wir zum Salzsee, der unmittelbar hinter dem Strand liegt. Wir gehen jetzt an seiner linken Seite auf einem durch Pferdewagen verdichteten **Karrenweg** entlang und treffen am Ende des Sees auf die Route, die wir bereits vom Hinweg kennen. Zum Hafen ist es jetzt nur noch ein kurzer Weg. Wenn wir vor der Abfahrt der Fähre noch Zeit haben, können wir in einer der gemütlichen Fischtavernen am Hafen noch zu Abend essen. Die Fähre bringt uns anschließend wieder ans Festland nach Tripiti.

Hinweise für die Reise zum »Heiligen Berg« Athos

Die Einreise in die »Mönchsrepublik« Athos, für Frauen grundsätzlich verboten, setzt das sog. Diamonitirion - Aufenthaltserlaubnis - voraus. Männer ab 18 Jahren erhalten es auf Antrag, Jugendliche in Begleitung des Vaters ebenfalls. Allerdings wird pro Tag nur einer begrenzten Anzahl von Pilgern die Einreise gestattet, weshalb ein frühzeitiger Antrag dringend anzuraten ist. Im Gegensatz zu früher ist die Anmeldeprozedur inzwischen erheblich einfacher geworden. Die folgenden Hinweise und Informationen für Reisende zum Heiligen Berg stammen zum großen Teil von Steffen Züfle, dem für seine Hilfe Dank gebührt. Anträge sind zu richten an das Pilgerbüro der »Heiligen Gemeinschaft« in Thessaloniki bei

- Mr. Stefanos Kanellis
  Holy Executive of the Holy Mount Athos – Pilgrims Bureau
  Karamanlis Str. 14
  GR 54638 Thessaloniki
  Tel. 031/861611 oder 833733, Fax: 861811

Öffnungszeiten: Montag bis Freitag 9 – 14 Uhr, Samstag 10 – 12 Uhr.
Möglichst mehrere Wochen vor dem geplanten Reisetermin rufe man Herrn Kanellis an, der Griechisch und Englisch spricht, und melde seinen Terminwunsch an. Wenn der Termin bestätigt wird, muss man eine Fotokopie des Personalausweises an das Büro senden. Etwa 2 Wochen vor dem Termin sollte man dem Büro nochmals Reiseabsicht und -daten bestätigen. Falls die Reise ausfällt, sollten Sie die Reservierung so früh wie möglich stornieren. Das erhält Ihre Chancen bei einem zweiten Versuch.

Diamonitirion.

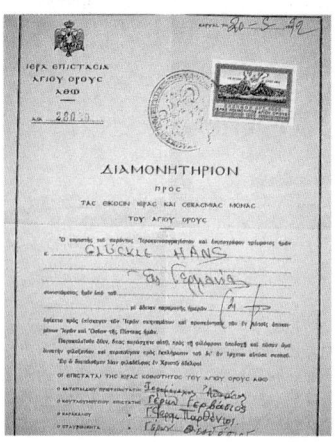

Das Diamonitirion gibt es dann für z. Z. 8000 Drachmen im Pilgerbüro in Ouranopolis (offen täglich 8.10 – 14 Uhr, Tel. 0377/71422 und 71421, Fax 71450). Das Dokument wird für die Dauer von vier Tagen ausgestellt. Allerdings haben Sie nach der Einreise die Möglichkeit, bei der Verwaltung in Karyai (offen vormittags an Werktagen) unter Angabe eines für die Mönche nachvollziehbaren Grundes darum zu bitten, den Aufenthalt zu verlängern. Die Einreise erfolgt in der Regel via Ouranopolis nach Dafni (Westen), ist aber grundsätzlich ebenso über

Blick auf Kloster Osiou Grigoriou.

Ierissos (Nordostküste) möglich. Sollten Sie letzteres wählen, müssen Sie dies bereits im Pilgerbüro in Thessaloniki angeben, damit die Unterlagen von dort nach Ierissos geschickt werden. Die Einreise auf dem Landweg ist verboten.

Da viele Klöster in Ufernähe liegen, lassen sich fast alle mit dem Schiff erreichen. Neben der Verbindung zwischen Ouranopolis und Dafni mit Halt in Jovantsa, Arsanas Sografou, Arsanas Konstamonitou, Dochiariou, Xenofontos und Panteleimonos gibt es noch eine Verbindung zwischen Dafni und Kavsokalivia mit Stops an allen Klöstern. Im Nordosten fährt das Schiff von

Ierissos mit Halt an den Klöstern bis nach Iviron. Nicht immer werden alle Haltepunkte angelaufen, und die Schiffahrt wird bei unruhiger See eingestellt. Das bedeutet möglicherweise, daß man seine gesamten Reisepläne umstellen, evtl. sogar die Heimreise verschieben muß. Die Fahrt mit dem Schiff bis Megistis Lavras ist nicht mehr möglich. Dafür gibt es inzwischen eine von den Mönchen betriebene Verbindung mit einem Kleinbus oder Unimog zwischen Karyai und Lavras. Darüber hinaus verkehrt ein Bus zwischen Dafni und dem Hauptort Karyai, der an die An- und Abfahrzeiten des Schiffes angepaßt ist.

Weitere Informationen zu Reisen in die Mönchsrepublik stehen in einem ständig aktualisierten Informationsblatt, erhältlich unter der Anschrift:
- Steffen Züfle
  Hauptstraße 88
  77876 Kappelrodeck
  Tel. 07842/2340, Fax 60256

Darin stehen wichtige Informationen zur Übernachtung, üblicherweise in Klöstern und Skiten, z. T. in Gästehäusern. In den meisten Klöstern muß man sich einige Wochen vor dem Eintreffen anmelden, sonst wird man abgewiesen. Bei den übrigen Klöstern, die eine Reservierung nicht zwingend vorschreiben, ist es angebracht, seinen Übernachtungswunsch vorher telefonisch oder per Fax mitzuteilen.

Traditioneller Schiffsbau in Holzbauweise bei Ierissos nördlich des Athos.

Westküste der Halbinsel Athos – Blick auf die steile Nordflanke des heiligen Berges mit Kloster Dionisiou.

Rufnummern der Klöster und Skiten für Übernachtungswünsche (Sternchen bedeutet »zwingende Anmeldung«) und weitere wichtige Rufnummern.

Kloster	Telefon	Fax	Anrufzeiten
I.M. Ag. Pavlou	0377/23250	0377/23355	
I.M. Chilandariou	0377/23797		
I.M. Dionysiou	0377/23237	0377/23686	
I.M. Dochiariou	0377/23245		
I.M. Esfigmenou	0377/23796		
I.M. Filotheou	0377/23256	0377/23674	
I.M. Iviron *	0377/23643	0377/23248	12 - 14 Uhr
I.M. Karakalou *	0377/23225	0377/23746	12 - 14 Uhr
I.M. Konstamonitou	0377/23228		
I.M. Kutlumusiou *	0377/23226	0377/23731	12 - 14.30 Uhr
I.M. Megistis Lavras	0377/23758	0377/23766	
I.M. Osiou Grigoriou *	0377/23668	0377/23671	11 - 13 Uhr
I.M. Panteleimonos *	0377/23252		10 - 12 Uhr
I.M. Pantokratoros *	0377/23253	0377/23685	12 - 14 Uhr
I.M. Simonos Petras *	0377/23254	0377/23707	13 - 15 Uhr
I.M. Sografou	0377/23247		
I.M. Stavronikita *	0377/23255		13 - 15 Uhr
I.M. Vatopaidiou *	0377/23219	0377/23781	10 - 16 Uhr
I.M. Xenofontos *	0377/23249	0377/23631	9 - 14 Uhr
I.M. Xiropotamou *	0377/23251	0377/23733	13 - 15 Uhr
Skiti Ag. Annis *	0377/23320		
Skiti Ag. Triados	0377/23319		
Skiti Profitou Eliou	0377/23304		
Skiti Theotokou (Nea Skiti) *	0377/23629		8 - 13.30 Uhr
Skiti Timiou Prodromou	0377/23294		
Polizei Karyai	0377/23212		
Post Karyai		0377/23214	
Arzt		0377/23217	

Fresco an der Kirche in Karyai.

Kloster Simonos Petras, eines der am schönsten gelegenen Klöster.

Wanderungen am Athos
Athos-Wanderer sollten sich auf jeden Fall die Athos-Karte im Maßstab 1:50.000 von Reinhold Zwerger (Wien) besorgen. Im Vergleich zu anderen ist das Blatt von Zwerger, Athos-Kenner und seit 1956 etwa fünfzigmal am Heiligen Berg, als einziges brauchbar für dieses Gebiet. Allerdings gilt für den Athos wie für die gesamte Region, daß die Anlage neuer Straßen, Wege oder Forstschneisen das Bild ständig verändert. Daher muß man trotz der guten Karte mit Abweichungen von der Wirklichkeit rechnen.
■ Bezug der Karte direkt von
Reinhold Zwerger
Wohlmuthstr. 8
A-1020 Wien
Tel. 0043/1/7265990 oder 0043/2641/6026

Leider läßt der Bau neuer Straßen die alten, traditionellen Fuß- oder Eselwege Stück für Stück verschwinden. Entweder werden sie durch die neuen Straßen direkt zerstört oder sie verfallen, weil sie nicht mehr genutzt werden. Inzwischen gibt es aber Bestrebungen, die historischen Wege, wo dies noch möglich ist, zu erhalten. Besonders engagiert hat sich in diesem Fragenkomplex Reinhold Zwerger, der nähere Informationen gibt.

An dieser Stelle sei auf einen Umstand hingewiesen, den Wanderer am Athos unbedingt beherzigen sollten. Obwohl die Gastfreundschaft Pilgern gegenüber eine der Pflichten der Mönche ist, sind sie nicht immer glücklich darüber, dass einige Wanderer ihre Klöster nur als Basisstation nutzen. Deshalb sollte man sich in das Klosterleben einordnen und, wenn möglich, am kirchlichen Leben teilnehmen. Wer sich ernsthaft für das Leben der Mönche interessiert und ihre Gewohnheiten respektiert, wird von den Klosterbewohnern mit Wohlwollen behandelt. Er erfährt so zudem manche Vergünstigung, die sonst nur »echten« orthodoxen Pilgern zuteil wird.

Auf dem Pilgerweg vom Kloster Pavlou zum Kloster Dionisiou.

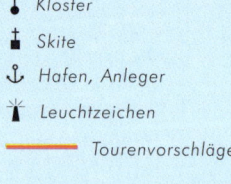

Skite des Klosters Agiou Pavlou an der südlichen Westküste.

Routen am Athos

Im folgenden werden einige der schönsten und noch gut zu wandernden Routen am Athos vorgestellt. Die Informationen hierzu verdanke ich zum größten Teil Reinhold Zwerger, dem für seine Hilfe mein herzlicher Dank gilt.

A 1. Von Jovantsa nach Chilandariou

Von **Jovantsa**, wo das von Ouranopolis kommende Schiff hält (Achtung, der Hafen wird nicht immer angelaufen!), führt ein schöner **Fußweg**, der in Teilen erst seit wenigen Jahren wieder geöffnet ist, zum am weitesten im Westen der Halbinsel liegenden **Kloster Chilandariou**. Der stellenweise mit **roter Farbe** markierte Weg ist problemlos zu finden. Für die Strecke benötigt man etwa 1½ bis 2 Std.

A 2. Von Jovantsa nach Xiropotamou oder Dafni

Der Weg von **Jovantsa** nach Xiropotamou führt ständig nahe der Küste. Von Jovantsa bis Arsanas Sografou, dem **Anlegeplatz** des gleichnamigen Klosters, benötigt man ca. 45 Min. Von dort geht es an einer alten **Windmühle** vorbei oberhalb des Ufers zum **Anlegeplatz** des Klosters Konstamonitou, auf einem alten Weg zum **Kloster Dochiariou** (ca. 30 Min.) und weiter bis zum **Kloster Xenofontos** (ca. 30 Min.). Zwischen Xenofontos und dem **Kloster Panteleimonos** ist der alte Weg leider verschwunden und durch

eine Straße ersetzt worden, auf der man in einer knappen Stunde **Panteleimonos** erreicht. Hinter dem Kloster führt ein schöner Weg über zwei alte Brücken zum **Kloster Xiropotamou** (ca. 1 Std.). Dieser Weg trifft nur wenige Gehminuten unterhalb des Klosters auf die Straße Dafni – Karyai.
Nahe am Ufer verläuft der Weg von Panteleimonos nach **Dafni** (ca. 1 Std.), der nach gut der Hälfte der Strecke auf die Fahrstraße Dafni – Karyai trifft.

Alter Klosterverbindungsweg.

Anstiegsweg zum Kloster Simonos Petras.

A 3. Von Karyai nach Iviron

Wer von Karyai zum Kloster Iviron an der Nordostküste des Athos will, kann entweder die Fahrstraße nehmen, die das Kloster mit der »Hauptstadt« verbindet, oder besser einen schönen alten Weg, auf dem man in einer guten Stunde Iviron erreicht.

Der Weg führt am **Kloster Kutlumusiou** vorbei in Richtung der Skite des Klosters. Etwa 500 m hinter dem Kloster zweigt nach rechts ein Fußweg ab, der in das Tal eines Baches hinunterführt und weiter zum **Kloster Iviron**.

A 4. Von Iviron über Stavronikita nach Pantokratores

Ein sehr schöner Fußweg an der Nordostküste des Athos verläuft vom Kloster Iviron über das Kloster Stavronikita (ca. 45 Min.) bis zum Kloster Pantokratores (ca. 45 Min.). Von **Iviron** kommend wandert man zunächst etwa 1000 m die Fahrstraße nach Karyai entlang, bis in etwa 50 Höhenmetern ein Fahrweg rechts abzweigt. Nach Nordosten führt der Fahrweg hinunter ans Meer und nach Norden ein Fußweg zum **Anlegeplatz Kutlumusiou**. Vom Anleger mit seinem Turm gelangt man, zunächst noch am Meer, dann auf dem leicht ansteigenden Fußweg bis zum **Kloster Stavronikita**.

Von dort steigt der weitere Weg zunächst bis auf eine Höhe von etwa 100 m an, verläuft dann für eine Zeit auf dieser Höhe, um dann wieder zum **Kloster Pantokratores** abzufallen.

Verhaltensregeln für das Athosgebiet in mehreren Sprachen.

A 5. Von Dionysiou nach Ag. Pavlou

Vom Kloster Dionysiou führt in ca. 1 Std. ein schöner Weg zum Kloster Ag. Pavlou. Man verlässt das Kloster in Richtung Süden, geht zwischen 50 und 100 Metern über dem Meeresspiegel (etwa 30 Min. lang) und steigt dann steil zum Meer hinunter. Entlang des Ufers stößt man auf die Fahrstraße, die links aufwärts zum Kloster Pavlou führt. Nach gut 500 m, hinter einer langgezogenen Rechtskurve, kann auf einem Eselpfad, der direkt zum Kloster führt, die Straße nach links wieder verlassen werden.

Wegweiser nach Aghiou Pavlou (unten).

A 6. Von Ag. Pavlou bis Ag. Annis

Von Ag. Pavlou kann man auf einem Weg in ca. 1½ Std. Ag. Annis erreichen. Dazu gehen wir vom **Kloster** den **Eselpfad** Richtung Anlegestelle, biegen aber den ersten nach links führenden Weg über einen Bach ab. Dieser Weg

Bauten des Klosters Dochiariou.

Wasserbecken im Kloster Stavronikita.

führt uns zur **Fahrstraße**, wo schräg gegenüber an einem Haus der **Fußweg** nach Ag. Annis beginnt. Bis **Nea Skiti** verläuft der Weg ziemlich genau auf der 100 m-Höhenlinie. Wir umgehen Nea Skiti an seinem oberen Rand und haben nun noch etwa 200 Höhenmeter bis zum Ziel der **Kirche Ag. Annis** zu bewältigen.

Die Nordflanke des Athos über dem Kloster Agiou Pavlou.

A 7. Von Ag. Annis auf den »Heiligen Berg« Athos

Die Besteigung des 2030 m hohen »Heiligen Berges« Athos gilt manchen Athos-Besuchern als Höhepunkt schlechthin. Bei guter Sicht, welche nicht der (v. a. im Sommer häufige) Dunstschleier über dem Meer trübt, hat man eine unvergleichliche Aussicht, die kaum ein Ort in Griechenland übertrifft.
Der Weg ist bei gutem Wetter ohne Probleme zu bewältigen. Allerdings sind von Ag. Annis aus knapp 2000 Höhenmeter zu überwinden, was eine entsprechende Kondition voraussetzt. Denken sollte man auch an die Abnahme der Temperatur, die zwischen Meer und Gipfel etwa 15 Grad beträgt. Von Ag. Annis bis zum Gipfel sollte man mit etwa 5 Std. reiner Gehzeit rechnen.
Startpunkt ist genau gegenüber der **Kirche Ag. Annis**. Dort führt ein Weg aufwärts. Die erste Strecke geht es sehr steil bergauf bis zu einer **Zisterne**, wo dieser Pfad weniger steil wird und auf einen **Sattel** zwischen dem Athos und einem Vorberg in 770 m Höhe führt, den wir etwa 1½ Std. nach dem Aufbruch erreichen. Auf dem Sattel treffen wir auf eine **Weggabelung**, an der fünf Wege zusammenführen. Nach Osten geht es weiter zum Kloster Megistis Lavras (siehe unten). Von den beiden nach Süden weisenden Wegen führt der eine nach Ag. Basiliou, der andere nach Katounakia.
Vom Sattel aus geht es die **Südflanke** des Athos aufwärts. In einer Höhe von 1500 m erreicht man eine **Kapelle mit Schutzhütte**, in der man übernachten kann. In dieser Höhe befindet sich die Baumgrenze. Der weitere Weg bis zum Gipfel ist bei guter Sicht nicht zu verfehlen. Vom Sattel bis zum Gipfel

muß man mit etwa 3½ Std. Gehzeit rechnen. Wer will, kann in der **Gipfelkapelle** übernachten. Allerdings sind die Verhältnisse weiter unten in der Schutzhütte auf 1500 m (Zisterne) etwas komfortabler. Hier hat man die Möglichkeit, in einem Kamin ein Feuer zu unterhalten. Holz gibt es in der Umgebung (Baumgrenze). Der **Rückweg** erfolgt auf der gleichen Route.
Variante: Den oben erwähnten Sattel mit der Wegkreuzung (Brunnen) erreicht man ebenfalls von Ag. Annis über **Mikra Ag. Annis** und **Katounakia**.

A 8. Von Ag. Annis nach Megistis Lavras

Von Ag. Annis führt ein schöner Weg in etwa 4 Std. zum Kloster Megistis Lavras an der Ostseite der Halbinsel. Es ist das älteste Kloster auf dem Heiligen Berg und das erste in der hierarchischen Reihenfolge.
Der Weg führt in seinem ersten Teil bis zu dem **Sattel** mit den fünf kreuzenden Wegen (siehe vorherige Wanderung), von wo aus ebenfalls der Heilige Berg bestiegen wird. Von da an verläuft der Weg um die steile Südostflanke des Berges. Nach rechts zweigen von Zeit zu Zeit Wege ab, die zu verschiedenen Skiten führen. Etwa 2½ Std. nach dem Aufbruch vom Sattel hat man das **Kloster** erreicht.

Aufstieg von der Panaghia-Schutzhütte zum Athos-Gipfel.

Der Norden der Chalkidiki

Der Norden der Chalkidiki ist der Teil des Landes, wo die wenigsten Touristen anzutreffen sind. Die meisten kennen die Landschaft nur von der Durchreise zu den südlichen Fingern. Dies ist eigentlich schade, weil dieser Landesteil eine Menge zu bieten hat. Da sind die beiden großen, vogelreichen Seen Koronia und Volvi im Norden, die auch die Grenze der Chalkidike bilden. Südlich schließt sich ein Gebirge an, das das gesamte Hinterland der Chalkidiki in einem großen Bogen von West nach Ost durchzieht. Während es im Westen über weite Strecken kahl ist, wird es weiter östlich von Nadel- und Laubwäldern bedeckt. Und vom Gebirge bis zur Ägäis, unmittelbar nördlich der drei Finger, öffnet sich eine weite, fruchtbare Tiefebene. Stellenweise geht sie in herrlichen Sandstränden ins Meer über – insgesamt eine Landschaft, die sich zum Wandern geradezu anbietet.

Erdbeerbaum mit Früchten und Blüten.

Die Dörfer und Städte, vor allem die Gebirgsregion, haben noch weitgehend ihren ursprünglichen Charakter erhalten. Dies gilt sogar noch in gewissem Maß für Poligiros, die Hauptstadt der Chalkidiki. Das 6000 Einwohner zählende Städtchen, das am Fuße des Holomondas wie ein Amphitheater an den Hang gebaut wurde, ist das wirtschaftliche Zentrum der Chalkidiki. Überhaupt sind die kleinen Bergorte fast alle einen Besuch wert, etwa Taxiarhis, ein kleines Dorf mit engen, verwinkelten Gassen. Es liegt am Ende einer 3 km langen, an Serpentinen reichen Straße. Da gibt es Arnea, dessen traditionelle Häuser z. T. vom Anfang des 18. Jahrhunderts stammen. Darüber hinaus ist der Ort Zentrum der Flokati-Herstellung. Die Schafwollteppiche werden überall im Dorf angeboten. Und weiter südwestlich, nach Megali Panagia, verirren sich kaum Touristen. Dementsprechend strahlt der Ort noch viel Ruhe aus, und in den Tavernen wird man überaus freundlich bedient. Stagira und Stratoniki im Norden sind zwei Dörfer, die ohne erkennbaren Rand ineinander übergehen. Das für Aristoteles errichtete Denkmal hat diese beiden Orte bei Touristen bekanntgemacht. Im Gegensatz dazu sind die Orte an der Südküste – mit ihren teilweise ausgezeichneten Badestränden – in der Saison fast alle fest in

der Hand von Touristen. Nur an der Ostküste der Chalkidiki, die der Tourismus noch nicht richtig entdeckt hat, schlummern noch einsame Strände und Plätze.
Darüber hinaus hat das Kernland der Chalkidiki auch dem Besucher, der sich für historische Zeugen interessiert, einiges zu bieten: z. B. das antike Stagira, ein großes Ausgrabungsgelände an der Ostküste bei Olimbias. Hier soll der Philosoph Aristoteles seine Kindheit verbracht haben. Oder da wären die Ruinen der einstigen Metropole Olinthos nördlich von Kassandra. Über das ganze Land verstreut finden sich Reste byzantinischer Festungsanlagen, etwa bei Agios Nikolaos, Galatista oder Zografou. Natürlich kann man auch Klöster besichtigen, wie das der Heiligen Anastasia. Ein »Highlight« ist sicher der Besuch der Tropfsteinhöhle von Petralona, wo man neben Knochenresten längst ausgestorbener Tiere auch uralte menschliche Schädel gefunden hat. Alles in allem ist das Kernland der Chalkidiki durchaus einen Besuch wert und hat es nicht verdient, nur als Transit genutzt zu werden.

Wildblumen in einem Olivenhain südlich von Poligiros.

26 Kloster Ag. Anastasias

Wanderung zum Kloster der Heiligen Anastasia Pharmakolytrias
Ehrenmal – Kloster und zurück

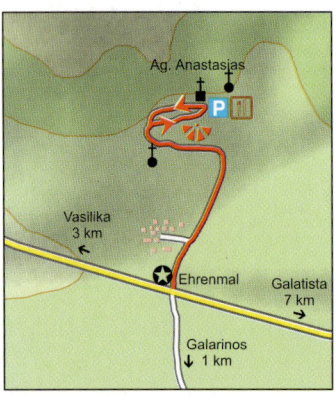

Ausgangs- und Endpunkt: Bushaltestelle am Ehrenmal an der Hauptstraße bei Kilometer 32 zwischen Vasilika und Galatista.
Gehzeiten: Ehrenmal – Kloster 1¼ Std., Kloster – Ehrenmal 1 Std.; Gesamtzeit 2¼ Std.
Höhenunterschied: 100 m.
Anforderungen: Einfache Wanderung, kaum Schatten.
Einkehr: Am Kloster Taverne und Snackbar.
Hinweis: In der Nähe des Klosters gibt es noch eine Reihe weiterer kleinerer Kirchen und Kapellen, die man vom Kloster aus zu Fuß erreichen kann.

Die Wanderung führt uns zu einem der schönsten und größten Klöster in der Umgebung Thessalonikis. Das Kloster wurde der Heiligen Anastasia Pharmakolytrias von den Bewohnern Thessalonikis gewidmet. Die Heilige lebte um 300 n. Chr. während der Herrschaft des römischen Kaisers Diocletian. Das Kloster, das mehrfach zerstört wurde, zuletzt von den Türken im Jahre 1821, beherbergt heute in der Klosterkirche den Kopf und einen Teil des rechten Fußes der Heiligen.

Ehrenmal des Freiheitskampfes.

Wir beginnen die Tour mit der Besichtigung der **Erinnerungsstätte** an den griechischen Freiheitskampf von 1921. Das monströse Monument schüchtert ein wenig ein und will so gar nicht in die Landschaft passen.

Wir gehen nun am Rande des kleinen **Kiefernwäldchens** entlang der asphaltierten Straße Richtung Norden. Daß wir nicht die einzigen sind, die hier zu Fuß unterwegs sind, zeigt uns ein Verkehrszeichen, das die Autofahrer ermahnt, wegen der Fußgänger langsam zu fahren. Die

Kloster Ag. Anastasias.

Straße führt nun aufwärts, links liegt eine **kleine Ortschaft**, an der wir vorbeigehen. Der Weg wird steiler, wir passieren nochmals ein Kiefernwäldchen, in dem wir den einzigen Schatten weit und breit finden. Ansonsten bestimmen Felder und lockere Olivenhaine das Bild der Landschaft, etwas später **Steineichen**. Schon seit geraumer Zeit ist voraus, herrlich in den Berghang eingebettet, das Kloster zu sehen. Wir kommen an einer Kapelle vorbei, die auf einem Hügel thront, und etwas später gabelt sich die Straße. Wir gehen hier rechts. Auf der linken Seite liegt nun ein alter, in Terrassen angelegter **Olivenhain**, rechts haben wir einen wunderbaren Blick ins Tal. Nur wenig später erreichen wir den Parkplatz direkt unterhalb des **Klosters** mit Post, Snackbar und Taverne. Eine Quelle spendet frisches Wasser.
Nach der Besichtigung des Klosters machen wir uns wieder auf den **Rückweg**. Wir gehen vom Parkplatz zunächst unterhalb des Klosters entlang der Straße Richtung Westen. Beim Abstieg bietet sich uns nun ein sehr schöner Blick hinab ins Tal. Bald gelangen wir an die Gabelung, an der wir auf dem Hinweg nach rechts gegangen sind. Von hier an verläuft der Weg nun wieder auf der gleichen Route.

27 Von Nea Silata nach Petralona

Wanderung zur berühmten Tropfsteinhöhle

Nea Silata – Rodokipos – Petralona

Ausgangspunkt: Bushaltestelle in Nea Silata (Mitte) an der Straße nach Thessaloniki.
Endpunkt: Busstation in Petralona an der Straße zwischen Krini und Eleohora.
Gehzeiten: Nea Silata – Rodokipos ¾ Std., Rodokipos – Höhle 1 Std., Höhle – Petralona ¼ Std.; Gesamtzeit 2 Std.
Höhenunterschied: 240 m.
Anforderungen: Einfache Wanderung, meist auf Feldwegen und ohne Schatten.
Einkehr: In Nea Silata Tavernen, in Petralona Tavernen. Snackbar, öffentliche Toiletten an der Höhle, kurz davor Taverne.
Hinweis: Für die Höhle (17 °C) etwas Warmes zum Überziehen mitnehmen, bei Hitze draußen friert man drinnen und erkältet sich leicht. Führung etwa 30 Min., kleines Museum am Eingang.

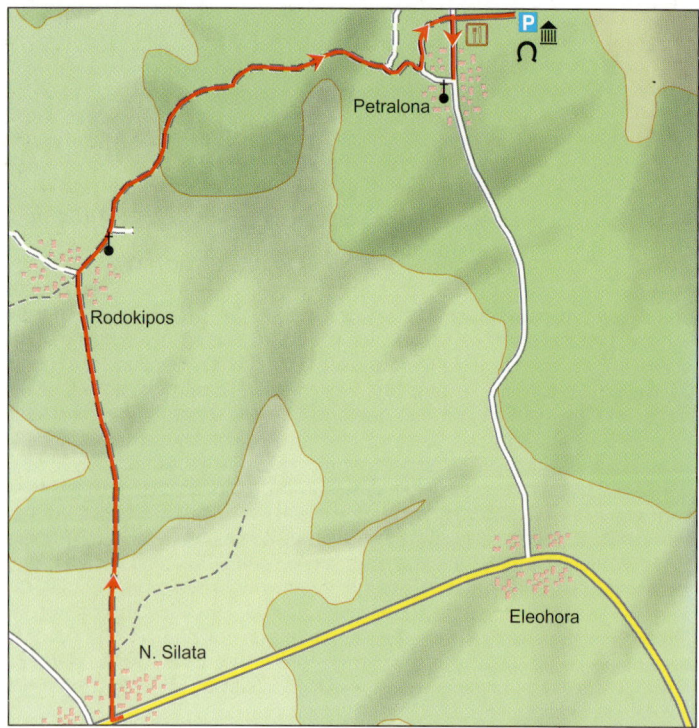

Höhepunkt dieser Wanderung ist sicher die Besichtigung der Tropfsteinhöhle in Petralona. Die Höhle, die 1959 zufällig von einem Dorfbewohner entdeckt wurde, liegt am Fuße des 642 m hohen Katsika. Nur ein kleiner Teil des weitverzweigten Höhlensystems ist für die Öffentlichkeit zugänglich. Sensationell war der Fund eines menschlichen Schädels, dessen Alter bei etwa 250.000 Jahren liegt. Der Schädel gehörte einem Vorgänger des Homo sapiens. Er ist sogar noch älter als der berühmte Neandertaler. Darüber hinaus wurden Knochen verschiedener, heute zumeist ausgestorbener Tierarten gefunden sowie vielerlei Gerätschaften, die darauf hinweisen, daß die Höhle in prähistorischen Zeiten von Menschen bewohnt war.

Wir beginnen die Wanderung in **Nea Silata** an der Bushaltestelle im Ortszentrum. Von dort gehen wir wenige Meter entlang der Hauptstraße Richtung Thessaloniki und zweigen gleich hinter dem großen, **weißen Gebäude** nach rechts ab. Die Straße ist zunächst noch asphaltiert, geht dann am Ende des Ortes aber in eine **Schotterpiste** über. Wir wandern jetzt durch Getreidefelder aufwärts. Voraus ist schon der Katsika zu sehen, an dessen Fuß der Eingang zur Höhle liegt.

Nach ¼ Std. zweigt rechts ein **Feldweg** ab. Wir gehen weiter geradeaus und können schon bald voraus die roten Dächer des kleinen Dorfes Rodokipos sehen. Beim Zurückblicken haben wir eine schöne Sicht auf den Thermaischen Golf. Es geht weiter aufwärts, und ¾ Std. nach unserem Start haben wir **Rodokipos** erreicht. Im Zentrum des kleines Dorfes laufen einige Wege zusammen. Wir wählen den nach rechts abzweigenden. Ein kleines **Hinweisschild** in griechischer Schrift weist uns nach Petralona. Etwa 200 m weiter kommen wir an ein kleines Wäldchen mit einer **Kapelle**. Hier wurde ein schöner, schattiger Rastplatz eingerichtet, wo wir wieder Kräfte sammeln können. Der Weg führt immer noch durch Getreidefelder, ist jetzt aber schmaler. Kurz hinter dem Wäldchen zweigt nach rechts ein Fahrweg ab, der zu einem Friedhof führt. Wir gehen weiter geradeaus und können schon bald voraus Petralona sehen, das sich an den Hang des Berges schmiegt.

Etwa 30 Min., nachdem wir Rodokipos verlassen haben, erreichen wir eine **Weggabelung**. Der Hauptweg führt halblinks weiter. Wir gehen hier rechts hinunter in ein kleines Tal und an der anderen Seite im Schatten hoher Bäume wieder hinauf. Dort mündet unser Weg in eine Straße am westlichen **Ortsrand** von Petralona. Rechts geht es in den Ort. Wir gehen an dieser Stelle scharf links aufwärts am Ortsrand entlang und stoßen nach etwa 500 m auf die Verbindungsstraße zwischen Krini und Eleohora. An der Kreuzung finden wir eine **Taverne**. Wir überqueren die Straße und befinden uns nun auf der Zufahrtsstraße zur **Höhle**, die wir etwa 300 m weiter erreichen.

Nach dem Besuch von Höhle und Museum gehen wir zunächst wieder bis zur Verbindungsstraße zwischen Krini und Eleohora. Hier gehen wir links und sind nach 500 m im Zentrum von Petralona an der **Bushaltestelle**, wo unsere Tour endet.

28 Olinthos

Wanderung zu den Resten einer antiken Stadt

Olinthos – Grabungsgelände und zurück

Ausgangs- und Endpunkt: In Nea Olinthos am Hotel »Olinthos«.
Gehzeiten: Olinthos – Grabungsgelände ¼ Std., Grabungsgelände – Olinthos ¼ Std.; Gesamtzeit ½ Std.
Höhenunterschied: 30 m.
Anforderungen: Einfache Kurzwanderung, kaum Schatten.
Einkehr: In Nea Olinthos Tavernen.
Hinweis: Besichtigung des Ausgrabungsgeländes, lange gratis, jetzt gegen Eintritt (etwa DM 3,-). Repräsentativer Eingangsbereich und Museum im Bau, auf halber Strecke Nea Olinthos – jetziger Eingang.
Variante: In der Umgebung Ruinen des Klosters Kastamonitou im Süden des Ortes. Auf einem Hügel Turm des Klosters Dochiarion, in der Nähe Reste der frühchristlichen Basilika (½ Std., von Nea Olinthos auf der Hauptstraße nach Norden, durch Getreidefelder und Olivenhaine, an Weggabel rechts, vor dem Hügel mit dem Turm wieder rechts). Rückweg ebenso oder weiter bis Simandra im Norden (1½ Std.).

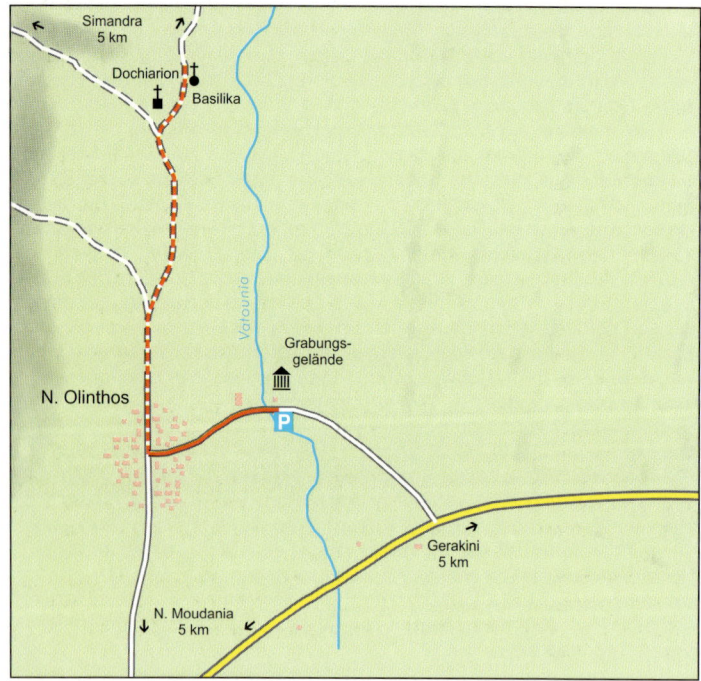

Ruine einer frühchristlichen Basilika.

Die Kurzwanderung führt uns zu einem großen Ausgrabungsgelände einer antiken Stadt. Das Gebiet um Olinthos war bereits in frühen Zeiten besiedelt. 481 v. Chr. wurde die Stadt zerstört, dann aber wieder aufgebaut. Sie entwickelte sich zum Zentrum und zur Hauptstadt des chalkidischen Bundes. Während der Blütezeit lebten mehr als 20.000 Menschen in der Stadt. Als sich Olinthos gegen den Makedonenkönig Philipp II. auf die Seite Athens stellte, zerstörte dieser im Jahre 348 v. Chr. kurzerhand die Stadt, die danach nicht wieder aufgebaut wurde.

Wir starten im Ortszentrum von **Nea Olinthos** am Hotel »Olinthos« und wandern auf der nach Osten führenden **Asphaltstraße** aus dem Ort hinaus. Bald passieren wir eine auf der linken Seite liegende Baustelle. Hier wird der neue Eingangsbereich geschaffen. Etwas weiter geht es durch eine **Betonfurt**, die das Bett des Vatounia passierbar macht, der die meiste Zeit im Jahr ausgetrocknet ist. Gleich dahinter erreichen wir den Eingang zum **Grabungsgelände**. Meist befinden sich nur wenige Touristen hier, so daß wir uns mehr oder weniger ungestört umsehen können. Gut zu sehen sind die Grundmauern und einige noch erhaltene Mosaike.

Den **Rückweg** treten wir auf der gleichen Route an. Wieder am Ausgangspunkt angekommen, haben wir nun noch die Möglichkeit, während einer etwas längeren Wanderung **weitere Ruinen** im Norden des Ortes zu besichtigen (siehe Variante).

29 Poligiros

Aussichtsberg und Kirche hoch oberhalb der Hauptstadt der Chalkidiki

Poligiros – Stavrou Toumba – Kirche des Propheten Ilias – Poligiros

Ausgangs- und Endpunkt: Hotel Glavas etwas oberhalb des Krankenhauses.
Gehzeiten: Hotel – Stavrou Toumba 1½ Std., Stavrou Toumba – Kirche 1½ Std., Kirche – Hotel ½ Std.; Gesamtzeit 3½ Std.
Höhenunterschied: Im An- und Abstieg jeweils 400 m.
Anforderungen: Tour auf Feldwegen, Schotter-, Teerstraßen, z. T. ohne Schatten.
Einkehr: In Poligiros Tavernen und Kafenia.
Anmerkung: Nach Abschluß der Recherchen wurde ein Wanderweg vom Pavillon 200 m westl. der Krankenhausstraße nach Stavrou Toumba gebaut (Dreizack).

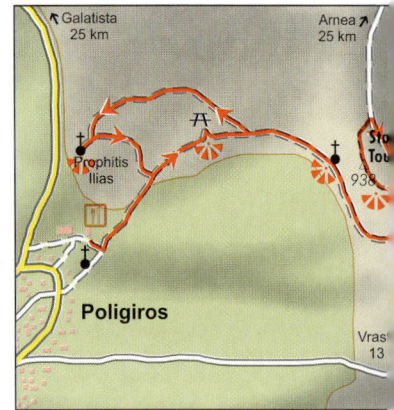

Die Wanderung führt zum Stavrou Toumba (938 m) im Osten von Poligiros mit sehr schönem Ausblick auf alle drei Halbinseln der Chalkidiki. Auf dem Rückweg besuchen wir eine Kirche hoch oberhalb des Ortes.

Wir starten am **Hotel »Glavas«**, das etwas oberhalb des Krankenhauses liegt. Direkt gegenüber vom Hoteleingang beginnt ein **Schotterweg**, dem wir bis zu seinem Ende nach etwa 100 m folgen. Dort treffen wir auf eine **Asphaltstraße**, die wir links gehen müssen. Rechts hinunter geht es ins Zentrum des Ortes. Der Weg steigt nun leicht an. Nach knapp ¼ Std. zweigt links der Zugang zur Kirche ab, der wir auf dem Rückweg einen Besuch abstatten wollen. Unser erstes Ziel, der Stavrou Toumba mit seinem Sendemast, ist voraus zu sehen.

Wir bleiben auf dem Weg und kommen bald in einer Kehre an eine schöne, schattige Picknickstelle an einem kleinen Bach, der freilich nur selten Wasser führt. Etwa 10 Min. später stoßen wir erneut an eine **Abzweigung** nach links. Hier biegen wir auf dem Rückweg ein, um zur Kirche zu gelangen. Für uns heißt es aber, nun zunächst noch weiter aufwärts auf der Straße zu wandern. Zurück haben wir immer wieder wunderbare Blicke auf Poligiros und das Meer. Gut ¼ Std. hinter der Abzweigung passieren wir eine kleine **gemauerte Kapelle**. Von hier bieten sich uns wieder faszinierende Ausblicke, jetzt auf alle drei Halbinseln der Chalkidiki. Wir umwandern nun langsam den Gipfel. Kiefernwald spendet uns Schatten. Etwa 1½ Std. nach unserem Start zweigt nach links ein schmaler, **geschotterter Weg** ab. Hier biegen wir ein und sind nach einem kurzen, aber steilen Anstieg am ersten der beiden Sendemaste, die auf dem Grat des **Stavrou Toumba** thronen. Hier suchen wir uns ein schattiges Plätzchen mit schöner Aussicht für eine Rast, bevor wir uns auf den Rückweg machen.

Für den **Rückweg** gehen wir weiter auf dem Grat, kommen an dem **zweiten Sendemast** vorbei und erreichen schließlich wieder die Schotterpiste, die wir rechts gehen müssen. Gut 500 m weiter kommen wir an die **Abzweigung**, die uns auf dem Hinweg auf den Grat geführt hat. Bis zur oben bezeichneten Abzweigung zur Kirche ist der Weg nun bekannt. An der Abzweigung gehen wir rechts. Wer keine Lust mehr hat, zur Kirche zu wandern, kann hier dem Hauptweg folgen. Zur Kirche verläuft der Weg nun auf etwa gleicher Höhe entlang eines Hanges. Unter uns liegt Poligiros. Voraus ist die Kirche mit ihrem riesigen, nachts beleuchteten Betonkreuz zu sehen. Bald treffen wir in einer **Kehre** auf einen von links kommenden Weg. Diesen müssen wir nachher auf dem Rückweg nehmen. Wir gehen an dieser Stelle weiter auf die **Kirche** zu und sind etwa 10 Min. später am Ziel. Ein schöner Rastplatz an der Kirche mit herrlichem Blick auf Poligiros und den Golf von Kassandra lädt zum Verweilen ein. Den Rückweg treten wir zunächst auf derselben Route an, zweigen aber in der Spitzkehre rechts ab. Gut 15 Min. später sind wir wieder an unserem Ausgangspunkt angelangt. Von hier sind es nur wenige Schritte bis ins **Zentrum** von Poligiros, wo wir uns eine gemütliche Taverne suchen, um uns nach der Wanderung zu stärken.

Blick auf Poligiros.

30 Arnea

Wanderung zu einer Wallfahrtskirche im Norden der Stadt

Arnea – Freizeitgelände – Wallfahrtskirche – Arnea

Ausgangs- und Endpunkt: Zentrum (Marktplatz) von Arnea mit Bushaltestelle.
Gehzeiten: Arnea – Freizeitgelände ¼ Std., Freizeitgelände – Wallfahrtskirche ¾ Std., Rückweg 1¼ Std.; Gesamtzeit 2¼ Std.
Höhenunterschied: 120 m.
Anforderungen: Tour auf Feldwegen, wenig Schatten.
Einkehr: In Arnea Tavernen und Kafenia, im Freizeitgelände eine Taverne.

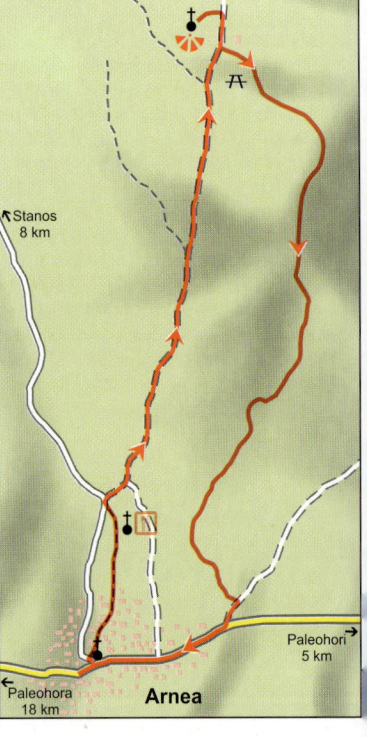

Die Wanderung führt uns zunächst zu einem Wäldchen, wo ein Freizeitgelände mit Kirche, Taverne und Kinderspielplatz liegt. Jedes Jahr findet hier am 26. Juli ein großes Fest zu Ehren des Hl. Paraskevi statt. Von dort geht es weiter zu einem Hügel etwa 3 km nördlich der Stadt, auf dem eine kleine Wallfahrtskirche steht. Dort haben wir einen schönen Blick auf Arnea und die umliegende Gegend. Auf dem Hügel selbst können wir Reste antiker Mauern erkennen, die möglicherweise zur frühgeschichtlichen Stadt Arnä gehören. Keinesfalls sollten wir es versäumen, am Beginn oder Ende der Wanderung einen Rundgang durch Arnea zu unternehmen. Der Ort, ein typisches Bergdorf, hat noch viel von seinem ursprünglichen Charme erhalten.

Wir starten im **Zentrum des Ortes** und gehen die **Hauptstraße** zunächst für knapp 100 m Richtung Stratoniki. Vor der **Kirche** zweigen wir nach links ab. Für Autofahrer ist hier die Richtung nach Stanos ausgeschildert. Gleich hinter der Kirche gehen wir rechts und sofort wieder links. Nur wenige Meter weiter, an einem Haus, weist die Wanderer ein **Wegschild** nach rechts. Nun sind wir auf einer **asphaltierten Straße**, die uns aus dem Ort hinausführt. Es geht leicht abwärts, wir unterqueren eine Hochspannungsleitung und kommen an einem auf der linken Seite liegenden **Gymnasium** vorbei. Etwa ¼ Std. nach dem Start erreichen wir ein kleines Eichenwäldchen. In ihm versteckt sich das **Freizeitgelände** mit Kirche, Taverne und Kinderspielplatz. Wir passieren den Eingang zum Gelände und stoßen wenig später auf die Verbindungsstraße zwischen Arnea und Stavros. Dort gehen wir zunächst rechts und biegen gleich darauf in einer Linkskurve rechts in einen **unbefestigten Weg** ein. Es geht nun zwischen Feldern und Wiesen weiter nordwärts.

Wallfahrtskirche bei Arnea.

Der Weg steigt leicht an. Wir kommen an einem rechts stehenden, größeren **Marterlhäuschen** vorbei und kurz darauf zweigt links ein Weg ab. Wir bleiben rechts, und an der nächsten **Gabelung**, die etwa 500 m später kommt, halten wir uns rechts. Kurz hinter dieser Gabelung finden wir auf der rechten Seite einen schönen, schattigen Rastplatz mit einem **weißen Marterlhäuschen**. Gleich dahinter geht rechts ein Weg ab, der ebenfalls nach Arnea führt. Diesen werden wir auf dem Rückweg wandern. Bis zum Ziel ist es nun nicht mehr weit. Wir gehen weiter geradeaus. Links von uns liegt nun ein eingezäuntes Gelände, und gleich dahinter führt nach links ein Weg hinauf zum Fuße des Hügels, der von einem Zaun umgeben ist. Durch ein Tor führt ein Pfad auf das Plateau, auf dem die **weiße Kirche** des Propheten Ilias steht. Unter alten, knorrigen Steineichen finden wir ein schattiges Plätzchen für eine Rast. Der Blick nach Arnea und in die Umgebung ist wundervoll. Wer sich für Eidechsen interessiert, kommt hier voll auf seine Kosten. Überall huschen die flinken Flitzer durch Gras und Gebüsch.

Den **Rückweg** treten wir zunächst auf der gleichen Strecke an. Nach etwa 10 Min. haben wir den Rastplatz mit dem weißen Marterlhäuschen erreicht. Hier gehen wir nun links auf einem schmalen Feldweg durch Felder mit eingestreuten Steineichenwäldern, der abwärts führt. In der Ebene lösen Wiesen und Weiden die bisherigen Felder und Wälder ab. Hier folgen wir der gerade noch zu erkennenden **Fahrspur**. Schon von weitem können wir eine Hochspannungsleitung sehen, auf die wir zuhalten. Wir erreichen einen **Mast** und unterqueren die Leitung. Der Weg ist nun wieder als richtiger **Feldweg** im Gelände zu erkennen. Schon bald erreichen wir die ersten Häuser und treffen auf einen breiteren Feldweg, den wir nach rechts gehen. Etwa 100 m weiter stehen wir dann an der **Hauptstraße**. Hier wenden wir uns nach rechts und sind etwa ¼ Std. später wieder an unserem Ausgangspunkt im **Zentrum von Arnea**.

31 Stratoniko

Park mit Aristoteles-Denkmal und Feuerwache über Stagira und Stratoniki

Stratoniki – Stagira – Stratoniko – Stratoniki

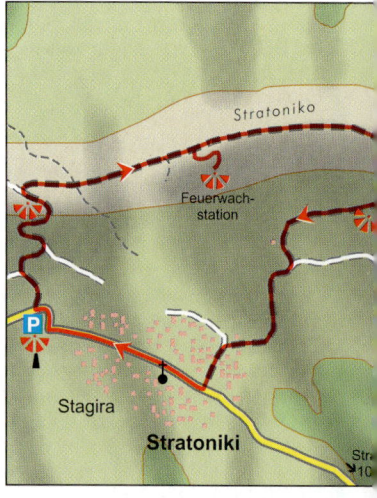

Ausgangs- und Endpunkt: Bushaltestelle im Zentrum von Stratoniki an der Kirche.
Gehzeiten: Stratoniki – Park ½ Std., Park – Gipfel 1½ Std., Gipfel – Rastplatz 1¼ Std., Rastplatz – Stratoniko 1¼ Std.; Gesamtzeit 4½ Std.
Höhenunterschied: Jeweils 400 m im An- und Abstieg.
Anforderungen: Anstrengende Tour, meist Forstwege, relativ schattig, für Untrainierte oder Konditionsschwache ungeeignet.
Einkehr: In Stratoniki und Stagira Tavernen und Kafenia. Kiosk beim Denkmal.
Hinweis: Bei Feuerwachstation über Felsen zu Antenne, Blick auf Stagira und Stratoniki, Kletterei nur für Trittsichere/Schwindelfreie.
Variante: Mit Linienbus zum Parkplatz beim Denkmal und dort starten.

Wir wandern zunächst zu einem Park am Ortsausgang von Stagira, wo man dem Philosophen Aristoteles ein Denkmal errichtet hat. Bereits hier hat man einen grandiosen Blick bis weit zum Athos hin. Von dort geht es steil bergauf auf einen langgezogenen Bergkamm, den die Bewohner der Gegend Stratoniko nennen. An der höchsten Stelle stehen Sendemasten, und von einer Feuerwachstation hat man einen überwältigenden Blick in alle Richtungen. Der Abstieg erfolgt dann auf einer anderen Route nach Stratoniki.

Wir starten in **Stratoniki** an der Bushaltestelle im Zentrum des Ortes und gehen zunächst entlang der **Hauptstraße** in Richtung Arnea. Schon bald endet Stratoniki, und übergangslos fängt der nächste Ort, **Stagira**, an. Voraus ist nun eine **alte Stadtmauer** zu sehen, die Straße macht eine ausladende Rechtskurve, und dahinter treffen wir auf den großen Parkplatz vor dem Park, wo wir die überlebensgroße, aus weißem Marmor gehauene **Statue** des Aristoteles bewundern können.

Etwa 50 m hinter dem Parkplatz Richtung Arnea geht rechts ein **unbefestigter Weg** von der Hauptstraße steil bergauf ab. Unter hohen Laubbäumen wandern wir bergauf. Je höher wir steigen, desto grandioser wird die Aussicht. Nach etwa 10 Min. erreichen wir eine Kreuzung. Hier wenden wir uns

Denkmal des Philosophen Aristoteles.

nach schräg rechts aufwärts. In **Serpentinen** geht es weiter steil bergauf. Etwa 300 m weiter endet die Straße. Nach rechts geht es abwärts, wir aber wählen den links aufwärts führenden Weg. Wir befinden uns nun schon hoch oberhalb der Häuser von Stagira. Leider weichen hier die Bäume der Phrygana, und daher wandern wir nun für eine Zeitlang in der prallen Sonne. Stellenweise geht es sehr steil bergauf, wir werden für die Mühe aber durch ständig wechselnde Panoramen entschädigt. Mehrere Male kreuzen wir eine Hochspannungsleitung, die zu den Sendemasten auf dem Gipfelgrat führt. Wir erreichen wieder ein Gelände mit höheren Bäumen, u. a. mächtigen **Kastanien**. Kurz darauf zweigt scharf rechts ein Weg ab, während die Hauptroute geradeaus weiter verläuft. Hier müssen wir aufpassen und den nach rechts führenden Weg wählen. Unter hohen Laubbäumen geht es weiter aufwärts. Der Blick auf den Golf von Ierissos wird immer schöner.

Wir sind nun fast an der höchsten Stelle angelangt und unterqueren die Hochspannungsleitung ein weiteres Mal. Links voraus liegt die Sendestation. An der nächsten **Kreuzung** wandern wir weiter geradeaus Richtung Sendemast. Immer noch spendet uns hoher Laubwald Schatten.

Wir haben nun den Kamm mit dem Sendemast auf unserer rechten Seite liegen und wandern weiter unter einem dichten **Laubdach**. Nach links können wir nun zum ersten Mal auf die andere Seite des Höhenzuges, Olimbias und den Golf von Striminikos blicken. Bald zweigt rechts ein kleiner Weg ab, der zum ersten Sendemast führt, der bereits rechts hinter uns liegt. Hier kommt auch die Hochspannungsleitung an. Wir gehen hier noch weiter Richtung Osten auf dem Hauptweg, der jetzt leicht abwärts führt. Etwa 200 m weiter zweigt nach rechts ein weiterer Weg ab, der auf den zweiten Gipfel führt. Hier biegen wir ab. Es geht sehr steil bergauf, und nach einer Rechtskurve stehen wir vor der **Sendestation** und einem **Aussichtsturm** der Feuerwehr. Von hier hat man einen unbeschreiblichen Blick in alle Himmelsrichtungen. Der Aussichtsturm der Feuerwehr ist bis Ende September besetzt. Die Feuerwehrleute sind sehr freundlich und freuen sich über jede Abwechslung bei ihrem Job. Gern erklären sie uns die Gegend. Etwa 50 m weiter im Westen kann man auf einige Felsen zu einer **Antenne** klettern, von wo aus man direkt auf Stagira und Stratoniki blicken kann. Aber Vorsicht, dieses Vorhaben sollten nur schwindelfreie und trittsichere Wanderer unternehmen.

Nachdem wir den Ausblick ausgiebig genossen haben, machen wir uns auf den **Rückweg**. Wir gehen wieder abwärts bis zum Hauptweg und wenden uns dort nach rechts. Links hinunter können wir durch die Bäume Olimbias erspähen. Schnell weicht der Wald offenem Gelände. Wir wandern immer noch mehr oder weniger direkt auf dem Kamm. Mal können wir zur Nordseite blicken, mal zur Südseite mit der Athos-Halbinsel. Es geht zunächst leicht bergab und dann immer steiler. Wald mit uralten, knorrigen Bäumen und offene Phrygana wechseln ständig ab.

Blick auf Stagira.

Gut 1 Std. nach dem Gipfel kommen wir an eine **Abzweigung**. Hier gehen wir scharf nach rechts abwärts. Es geht jetzt wieder Richtung Westen, und der Weg wird steiler. Im Westen ist nun der Berg mit der Feuerschutzstation und den Antennen zu sehen.
Kurz darauf kommen wir in einer Kehre an einem kleinen **Holzplumpsklo** vorbei, das sogar ausgeschildert ist. Eine Kehre weiter erreichen wir eine schöne, überdachte Picknickstelle mit Holzbänken und Tischen. Eine Quelle spendet uns frisches Wasser. Für Kinder gibt es sogar eine Schaukel.
Von hier wandern wir am Rande eines tiefen Taleinschnittes unter schattigen Bäumen weiter abwärts. An einer einfachen **Holzhütte** und einem Ziegenstall vorbei erreichen wir das Ende des Weges. Hier wandern wir rechts weiter. ¼ Std. später kommen wir, wieder in einer Kehre, an einen kleinen Rastplatz mit einer Quelle. Der Weg führt weiter abwärts, links und rechts von Erdbeerbäumen gesäumt.
Bald können wir voraus das Sportgelände von Stratoniki sehen, und hinter der nächsten Kurve zeigt sich der Ort. Nun geht es durch ein unschönes **Abbaugelände**, das wie eine Mondlandschaft wirkt. Wir gehen weiter auf Stratoniki zu und erreichen kurz hinter einigen **Wellblechhütten** eine asphaltierte Straße. Hier gehen wir nach links und haben nach knapp 500 m an einem links liegenden, eingezäunten Spielplatz die Hauptstraße in Stratoniki erreicht. Wir wenden uns nach rechts und sind wenige Minuten später an unserem Ausgangspunkt im **Zentrum von Stratoniki**.

32 Antikes Stagira

Wanderung von Olimbias zum antiken Stagira, dem angeblichen Geburtsort von Aristoteles

Olimbias – antikes Stagira – Olimbias

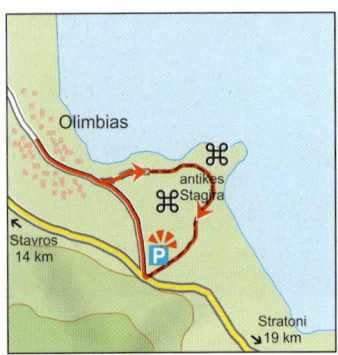

Ausgangs- und Endpunkt: Bushaltestelle im Zentrum des Ortes.
Gehzeiten: Olimbias – Ausgrabungsgelände ¼ Std., Ausgrabungsgelände – Olimbias ½ Std.; Gesamtzeit ¾ Std.
Höhenunterschied: Jeweils 50 m im An- und Abstieg.
Anforderungen: Einfache Wanderung auf Schotterpisten, im Ausgrabungsgelände stellenweise weglos.
Einkehr: In Olimbias Tavernen und Kafenia.
Hinweise: Unterwegs Badebuchten, deshalb Badesachen nicht vergessen.
Ausgrabung und Restaurierung im Gang, daher Eintritt z. Z. gratis. Das Erkunden des Geländes dauert mindestens 1 Std.

Die Kurzwanderung führt zum Ausgrabungsgelände des antiken Stagira, das als Geburtsort des Philosophen Aristoteles gilt. Er war der Lehrer Alexander des Großen. Aristoteles soll hier seine Kindheit verbracht haben. Das Ausgrabungsgelände hat zwar nicht Dimensionen wie Delphi oder Olympia, es ist dafür aber auch nicht so überlaufen.

An Werktagen kann man sogar den Archäologen beim Graben über die Schulter schauen.

Unsere Tour beginnt im Zentrum von **Olimbias** an der Bushaltestelle. Wir wandern zunächst entlang der **Hauptstraße** und folgen den **Hinweisschildern** zum »Ancient Stagira«. Nach knapp 400 m erreichen wir am Südende des Ortes einen komplexen **Kreisverkehr**. Von hier führt entlang des Strandes eine Straße weiter, die schon nach kurzer Zeit in einen **Schotterweg** übergeht. Der Weg steigt langsam an, und zurück haben wir einen schönen Blick auf Olimbias.

Antikes Vorratsgefäß.

Bucht am Ausgrabungsgelände.

Nur wenig weiter kommen wir an eine **Schranke**, die den Weg für Kraftfahrzeuge unpassierbar macht. Wir gehen an der Schranke vorbei, auf die beiden Hügel zu, die vor uns liegen. Auf ihnen sind schon die ersten Ruinen zu erkennen. Links unter uns liegt eine schöne Bucht mit einem feinen Sandstrand.

Wenig weiter erreichen wir die **Reste der Stadtmauer**, die sich rechts weiter den Hügel hinaufzieht. Wir bleiben auf der Schotterstraße und wandern noch ein Stück weiter, bis wir in den Einschnitt zwischen den beiden Hügeln kommen. Links finden wir die ersten größeren Ausgrabungen. Wir können Straßen erkennen, Grundmauern und Reste von Vorratshäusern mit ihren riesigen Tonkrügen. Es lohnt sich, den Hügel auf eigene Faust zu erkunden. Von seiner Spitze aus haben wir eine schöne Aussicht.

Nachdem wir den Hügel erkundet haben, führt uns unser Weg weiter auf der Schotterpiste um den ersten Hügel herum aufwärts. Links unter uns liegt eine sehr schöne Badebucht. Auf dem Hügel rechts können wir auf eigene Faust weitere Ausgrabungsstätten erkunden.

Der Schotterweg endet schließlich an der nach Stratoni führenden **Hauptstraße**, etwa dort, wo die Straße nach Olimbias abzweigt. Wir gehen die Zufahrtsstraße abwärts und haben bald den **Kreisverkehr** erreicht. Von dort sind es nur noch wenige hundert Meter bis zu unserem Ausgangspunkt.

Thasos

Thasos ist die nördlichste aller griechischen Inseln. Schon in der Antike war sie wegen ihres Marmors und der ausgedehnten Wälder berühmt. Der Marmor ist geblieben, den größten Teil des Waldes haben zwei verheerende Waldbrände in den Jahren 1985 und 1987 vernichtet. Ausgedehnte Waldgebiete gibt es praktisch nur noch im Nordosten der Insel. Dennoch bietet die mehr oder weniger runde Insel dem Wanderer ein ideales Terrain. Neben weiten Sandstränden, kleinen Badebuchten, einsamer Gebirgslandschaft und traditionellen Dörfern mit urigen Tavernen findet man auch historische Zeugen.

Thasos wird von einer etwa 100 km langen Küstenstraße, die einmal um die Insel führt, erschlossen. Von ihr zweigen strahlenförmig ins Landesinnere Wege ab, die überwiegend unbefestigt sind. Im Inneren türmt sich ein mächtiges Zentralgebirge auf über 1200 m auf. Hier, in unzugänglichen Gegenden, hatten sich vor Jahrhunderten die Einwohner Schutzdörfer geschaffen. So schützten sie sich vor den häufigen Angriffen von Plünderern. Als die Zeiten sicherer wurden, zog es die meisten Bewohner ans Meer. Zu jedem der Bergdörfer gehörte ein Küstenort. Das ist bis heute so: Zu Sotiros gehört Skala Sotiros, und Kallirahi hat Skala Kallirahi. Jetzt sind viele der Rückzugsdörfer verlassen oder werden von wenigen alten Menschen bewohnt.

Hauptstadt ist der Hafenort Thasos, der vielfach als Limenas bezeichnet wird. Im geschäftigen Ort mit seinen 3.500 Einwohnern herrscht in der Saison reichlich Trubel. Neben dem Hafen und den engen Einkaufsgassen sind es vor allem die vielen antiken Ruinen, die die Besucher anlocken. Die anderen Orte entlang der Küstenstraße werben vor allem mit ihren Stränden.

Fischerboote im Hafen von Thasos.

Dabei sind die im Osten und Süden sicher attraktiver als die an der Westseite. Einen Besuch wert sind auf jeden Fall die im Landesinneren liegenden, ehemaligen Rückzugsdörfer. Besonders Theologos, während der arabischen Herrschaft der Sitz des Vorstehers der ganzen Insel, hat sich inzwischen auf die Einnahmequelle »Tourismus« eingestellt. Etliche Tavernen locken den Besucher, der bequem mit einem Linienbus anreisen kann. Ganz anders dagegen steht es um das fast ausgestorbene Dorf Kastro. Nur eine holprige Schotterpiste führt in die sehenswerte Siedlung. Eine

Hrisi Akti auf Thasos.

Busanbindung gibt es nicht, eine Taverne oder ein Kafenion suchen wir vergeblich.
Auch heute noch werden Marmorsteinbrüche ausgebeutet. Lastwagen, die riesige Marmorblöcke transportieren, begegnen uns auf der Ringstraße oder an den Fähren zum Festland nicht selten. Ein weiterer Bodenschatz wird vor der Westküste geborgen: Erdöl. Bei der Überfahrt von Kavala aus kommt man nah an der Plattform vorbei. Auf den fruchtbaren Böden wird Wein, Oliven, Getreide und Obst angebaut. Ein besonderer Leckerbissen ist der Honig von Thasos, der besonders würzig schmeckt. Leider ist bei den Waldbränden auch ein Großteil der Bienenvölker zu Grunde gegangen, so daß der Honig inzwischen nicht mehr ganz billig ist. Man bekommt ihn pur oder z. B. mit eingelegten Walnüssen oder Feigen.
Und natürlich spielt auch auf Thasos Fisch und anderes Meeresgetier eine wichtige Rolle auf dem Speiseplan. Für viele gibt es kaum etwas Schöneres, als nach einer Wanderung in einer gemütlichen Taverne am Strand bei einem kühlen Glas Retsina oder Rotwein den vom Wirt selbst gefangenen und zubereiteten Fisch zu verspeisen.

33 Thasos Stadt

Wanderung zu antiken Stätten des historischen Thasos

Hafen – Theater – Akropolis – Agora – Herkulestempel – Hafen

Ausgangs- und Endpunkt: Bushaltestelle am Hafen.
Gehzeiten: Hafen – Theater ¼ Std., Theater – Akropolis ¼ Std., Akropolis – Agora ¼ Std., Agora – Hafen ¼ Std.; Gesamtzeit 1 Std.
Höhenunterschied: Im An- und Abstieg jeweils 140 m.
Anforderungen: Einfache Wanderung auf Pfaden und asphaltierten Straßen.
Einkehr: Im Ort Tavernen und Kafenia.
Hinweis: Besichtigung der historischen Stätten 1 Std. zusätzlich.
Variante: Vom Herkulestempel nach links zu den Resten der alten Stadtmauer mit Toren.

Die Wanderung führt uns auf die Hügel oberhalb des modernen Thasos zu seinen historischen Wurzeln. Nicht nur die Ruinen selbst sind sehenswert, sondern es lohnt sich auch durch die besonders schöne Sicht auf die Stadt von der Akropolis aus.

Wir starten an der Busstation am modernen **Hafen**, wo die Fährschiffe anlegen. Von dort gehen wir Richtung Norden bis zum **historischen Hafen**, wo heute kleine Fischerboote liegen. An der Kaimauer gehen wir weiter bis zum »Old Port Restaurant«, vor dem zwei mächtige Platanen stehen. Gleich hinter dem Restaurant verlassen wir den Hafen und wandern die Straße rechts hinauf.

Nach wenigen Metern zweigt links eine Straße ab, die zu einer Tempelruine und zu Ruinen von historischen Wohnhäusern führt. Da wir im weiteren Verlauf der Wanderung noch genügend Ruinen zu sehen bekommen, sparen wir uns diesen Abstecher. Es geht also hier noch geradeaus weiter, aber kurz darauf zweigt der **Weg nach links** ab, der uns nach wenigen Metern zu den Ruinen des **Dionysos-Tempel** führt.

Hinter dem Tempel gehen wir links weiter und gleich nach dem letzten Haus steil über Stufen bergan. Der gut ausgebaute Fußweg führt uns nun bis zum **antiken Theater**. Bereits von hier haben wir einen schönen Blick auf das moderne Thasos.

Vom Theater aus führt ein beleuchteter Pfad weiter aufwärts. Wir erreichen eine **kleine Kapelle**, von wo aus wir den verbleibenden Weg bis zur Akropolis überblicken können. Vom Fuße der **Akropolis** führt ein kleiner Pfad hinauf

Agora von Thasos.

zu den Ruinen der historischen Oberstadt. Von hier haben wir einen wunderbaren Blick auf die moderne Stadt und die Ägäis. Etwa 100 m weiter südlich liegt der **Tempel der Athene**, dem wir ebenfalls einen Besuch abstatten.
Zurück geht es am Theater vorbei bis zum Tempel des Dionysos auf demselben Weg. Am Tempel angelangt, gehen wir nun nicht rechts, von wo wir gekommen sind, sondern geradeaus weiter. Wenig später können wir auf der rechten Seite das weitläufige Gelände der **Agora**, des historischen Marktplatzes, sehen. Die Ruinen vermitteln einen Eindruck von der ehemaligen Größe.
Wir gehen die Straße weiter Richtung Süden und passieren das ebenfalls rechts liegende **Odeum**, ein kleines Theater. Dahinter können wir eine Schule und eine Kirche sehen. Weiter geht es nun, bis unser Weg in die Straße nach Panagia mündet. Hier finden wir die Ruinen des **Herkules-Tempels**.
Wir gehen nach rechts und folgen der Straße Richtung Westen. An einem kleinen **Krankenhaus** und der Post vorbei stoßen wir schließlich wieder auf den **Hafen**, wo wir am Ende unserer Wanderung angelangt sind.

34 Über den Goldstrand nach Skala Potamias

Wanderung zum vier Kilometer langen Goldstrand

Panagia – Goldstrand – Skala Potamias

Ausgangspunkt: Zentraler Dorfplatz in Panagia (Bushaltestelle in der Nähe).
Endpunkt: Hauptstraße in Skala Potamia (Bushaltestelle nahebei).
Gehzeiten: Panagia – Goldstrand 1 Std., Goldstrand – Skala Potamias 1 Std.; Gesamtzeit 2 Std.
Höhenunterschied: 220 m im Abstieg.
Anforderungen: Wanderung auf Pfaden, Straßen und am Strand, kaum Schatten.
Einkehr: In Panagia, Skala Potamias und am Goldstrand Tavernen und Kafenia.
Hinweis: Badesachen nicht vergessen.
Variante: Weiter ins Zentrum von Potamia zu gemütlicher Taverne mit riesiger Platane (¾ Std.). Rückweg Potamia – Panagia auf Hauptstraße 3 km oder am Fuße des Ipsarion-Gebirges. (siehe auch Tour 35).

Wir wandern vom Marmordorf Panagia zum Goldstrand. Dieser Küstenabschnitt hat seinen Namen nicht dem feinen Sand zu verdanken, sondern der Tatsache, daß an den Hängen des Ipsarion-Gebirges in antiken Zeiten nach Gold gegraben wurde. Der breite Sandstrand ist etwa 4 km lang. Während der nördliche Teil zu Panagia gehört, bildet der südliche den Strand der Einwohner Potamias, zu deren Skala (Bucht) wir wandern.

Wir beginnen unsere Tour am zentralen Platz von **Panagia**, der von einer Anzahl von Tavernen, Läden und einem Brunnen gesäumt wird. Wir wenden uns vom Platz in die nach Nordosten weisende **Seitenstraße**. Vorbei an der »Pistaria Elena« weist uns nach knapp 50 m ein **Holzschild** nach links zum

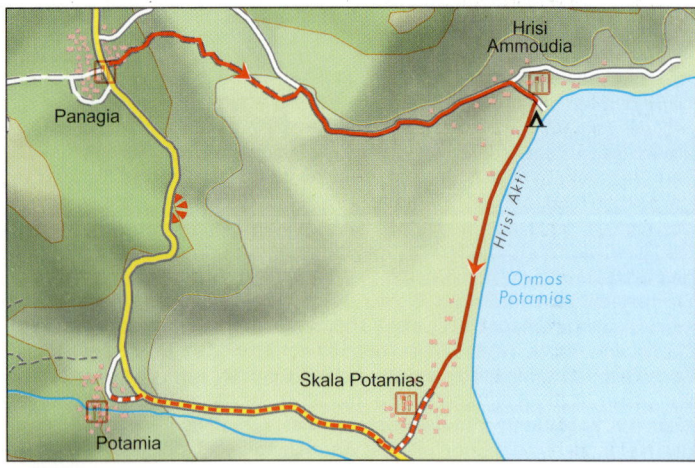

Blick auf den Goldstrand.

»Golden Beach«. Nun geht es auf einer **Betonpiste** zwischen Gärten und später durch Olivenhaine mit knorrigen, alten Bäumen steil bergab. Nach knapp ¼ Std. treffen wir auf die von Panagia kommende asphaltierte **Autostraße**, wo wir nach rechts gehen müssen.

Nach etwa ½ Std. erreichen wir die Appartementanlage »Thasos Palast«, und kurz darauf fangen die ersten Häuser an. Zahlreiche Schilder signalisieren, daß es hier Zimmer zu mieten gibt. Gut 500 m hinter den Appartements zweigt rechts ein Weg ab, der zum Strand und Campingplatz führt. Wir kommen durch ein Gelände, das auf den ersten Blick wie ein Schrottplatz aussieht. Aber dann stellt es sich als Ausstellungsgelände von **Marmorskulpturen** internationaler Künstler heraus. Auf dem Gelände können wir einige interessante Skulpturen bewundern.

Von hier ist es nur noch ein Katzensprung zum **Strand**, wo wir uns nun eine schöne Stelle zum Rasten und Schwimmen suchen können. Der Weg weiter bis zum Ziel ist denkbar einfach: Wir wandern entlang des Strandes Richtung Süden, bis wir in dem kleinen Touristenort **Skala Potamias** das Ende der Tour erreicht haben.

35 Von Panagia nach Potamia

Wanderung am Fuße des Ipsarion-Gebirges

Panagia – Potamia

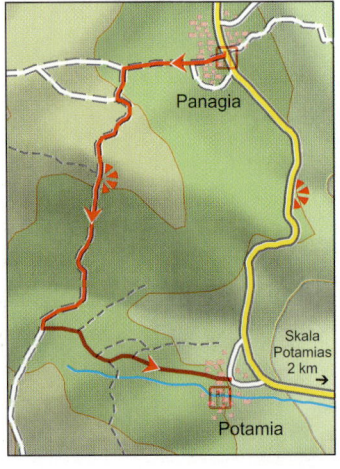

Ausgangspunkt: Zentraler Dorfplatz in Panagia (Bushaltestelle in der Nähe).
Endpunkt: Zentraler Dorfplatz in Potamia an der Bushaltestelle.
Gehzeiten: Panagia – höchster Punkt 1 Std., Rückweg 1 Std.; Gesamtzeit 2 Std.
Höhenunterschied: 220 m im Anstieg, 320 m im Abstieg.
Anforderungen: Wanderung auf Forststraßen, teilweise schattig.
Einkehr: In Panagia und Potamia diverse Tavernen und Kafenia.

Die Wanderung führt hoch oberhalb der beiden Ortschaften am Ostfuß des Prophitis Ilias entlang. Dieser Berg zählt mit seinen 1100 m zu einem der höchsten Gipfel auf Thasos. Während der Wanderung haben wir wundervolle Blicke auf das – fast wie ein Alpenpanorama wirkende – Gebirge auf der einen Seite, auf der anderen die Dörfer Panagia und Potamia mit der Ägäis im Hinter-

Oben: Blick auf Potamia.
Links: Blumen vor einem alten Haus in Potamia.

grund. Der Weg führt teilweise schön schattig unter großen Bäumen dahin. Am Rande stehen herrlich duftende Wildkräuter.

Wir beginnen unsere Tour am zentralen Platz von **Panagia**. Direkt am Brunnen führt eine schmale **Autostraße** Richtung Westen zwischen allerlei Geschäften den Hang hinauf. Nach etwa 50 m kommen wir an einen kanalisierten **Bach**. Hier verlassen wir die Straße und gehen nun entlang des Baches weiter aufwärts. Nur 50 m weiter erreichen wir erneut einen Platz. Hier vereinigen sich einige Quellbächlein zu dem kanalisierten Bach, der auch im Sommer Wasser führt. Unter schattigen Bäumen locken Tavernen. Für eine Rast ist es aber noch zu früh, und so wandern wir an der Taverne vorbei weiter aufwärts.

200 m weiter endet der Weg an einer **Kreuzung**. Hier gehen wir links versetzt die **Asphaltstraße** weiter aufwärts. Etwas später zweigt nach links ein unbefestigter Weg ab, über den man wieder nach Panagia gelangt. Wir gehen hier weiter geradeaus, den Hinweisen nach Thasos und Ipsarion folgend. An der nächsten **Abzweigung**, etwa 400 m später, müssen wir scharf nach links abbiegen. Richtung Norden geht es weiter nach Thasos Stadt. Wir wandern nun vorbei an mächtigen, **uralten Bäumen** mit enormen Stammdurch-

messern. Es geht weiter aufwärts. Schließlich mündet der Weg in einen anderen. Nach rechts weist ein **Schild** Richtung Rahoni, nach links Richtung Potamia. Folgerichtig wenden wir uns nach links. Für eine Weile müssen wir noch aufwärts wandern. Knapp 1 Std. nach unserem Aufbruch, an einem nach rechts abzweigenden Weg, haben wir dann aber den höchsten Punkt dieser Tour erreicht, von wo aus wir den schönen Blick auf Skala Potamia genießen können.

Es geht nun weiter abwärts. Der Blick auf die Ostflanke des Gebirges und zur Ägäis ist grandios. Etwa ½ Std. hinter dem höchsten Punkt zweigt ein Weg

Auf dem Weg zwischen Panagia und Potamia.

In Panagia.

im rechten Winkel nach links ab, den wir nehmen müssen. Und nur 300 m weiter trifft er an einem **Ziegenstall** auf einen weiteren Weg, wo wir rechts hinab auf einen Fluß zugehen, den wir bereits rauschen hören können. Etwa 500 m weiter gabelt sich der Weg. Wir gehen zunächst rechts Richtung Fluß, müssen aber nur knapp 100 m weiter den nach links abzweigenden Weg nehmen. Geradeaus weiter geht es über den Fluß und auf der anderen Seite des Tales wieder hinauf.

Wir gehen weiter abwärts, rechts unter uns im Tal, unseren Augen meist verborgen, hören wir den Fluß. Wenig weiter, an einer großen **Eßkastanie**, zweigt nach links ein Weg ab. Wir aber gehen weiter geradeaus. Für eine kurze Strecke ist der Weg nun betoniert. Rechts können wir bald die ersten Gärten erspähen und dann die ersten Häuser. Wir gelangen am Rande des Ortes an eine Asphaltstraße, die wir rechts abwärts gehen. 200 m weiter sind wir im Zentrum von **Potamia**. Direkt an der Bushaltestelle finden wir die Taverne »Platanos«. Auf der Terrasse unter dem Schatten eines riesigen Blätterdaches stärken wir uns mit Speis' und Trank nach der Wanderung.

36 Aliki

Zu antiken Heiligtümern und Marmorbrüchen mit Badeaufenthalt

Aliki

Ausgangs- und Endpunkt: Bushaltestelle am Parkplatz vor der Halbinsel.
Gehzeiten: Parkplatz – Basilika ¼ Std., Basilika – Marmorbruch (Südspitze) ¼ Std., Marmorbruch (Südspitze) – Parkplatz ¼ Std.; Gesamtzeit ¾ Std.
Höhenunterschied: 25 m.
Anforderungen: Einfache Wanderung auf Pfaden, teilweise schattig.
Einkehr: Am Parkplatz und Strand Tavernen und Kafenia, am Parkplatz Kiosk.
Hinweis: Halbinsel zu erreichen über schmalen Isthmos mit schönen Badebuchten, daher Badesachen nicht vergessen.

Der Besuch der Halbinsel Aliki gehört sicher zu einem der Höhepunkte einer Thasosreise. Dies gilt nicht allein wegen der Ruinen oder des antiken Marmorbruches, sondern vor allem wegen ihrer landschaftlichen Schönheit. Das Grün der Kiefern auf der Halbinsel, das Weiß der Ruinen und Marmorbrüche und das Türkis der Ägäis geben ein besonders schönes Bild ab. Die Rundwanderung führt zunächst zu einem antiken Heiligtum mit Kulthöhlen, dann zu Ruinen frühchristlicher Basiliken und schließlich zu einem antiken Marmorbruch, bevor wir die kurze Wanderung am Strand der schönen Südbucht von Aliki ausklingen lassen. Das gesamte Ausgrabungsgelände ist eingezäunt, durch mehrere Türen und Öffnungen jedoch frei zugänglich.

Wir starten am Parkplatz unmittelbar an der **Küstenstraße** und gehen den Weg zur **Landzunge** hinab. Unten angekommen, geht es auf der Straße weiter, bis wir an einen **Durchlaß** in der links liegenden Steinmauer kommen. Hier gehen wir auf dem schön **gepflasterten Pfad** zwischen blühenden Blumen weiter. Zunächst kommen wir linker Hand an einen großen **Sarkophag** aus der Römerzeit, der zur Hälfte in der Erde versenkt ist.

Wenig weiter erreichen wir die **Ruinen** des antiken Heiligtums aus dem 7. vorchristlichen Jahrhundert. Die beiden quadratischen Gebäude waren bis in die späte Römerzeit als Kultstätte in Gebrauch. Im Felsen neben dem südlicheren Gebäude finden wir eine der beiden **Kulthöhlen**. Sie war möglicherweise Apollon gewidmet. Heute ist sie leer. Die zweite Höhle liegt gut 20 m südöstlich des Gebäudes auf dem Hügel.

Vom Heiligtum aus führt ein Pfad Richtung Süden hinauf zu den Ruinen der beiden **Basiliken**, die im 5. Jahrhundert n. Chr. entstanden. Anhand der Mauern können wir uns noch gut ein Bild der ehemaligen Gebäude machen.

Bucht im Süden von Aliki.

Hinter den Ruinen können wir einen **Pfad** erkennen, der uns weiter ins Innere der Halbinsel bringt. Wir kommen zu einigen, wohl künstlich aufgeschütteten **Hügeln**, von denen wir einen wunderbaren Blick auf die Südbucht haben. Weiter südlich stoßen wir an den Begrenzungszaun des Ausgrabungsgeländes. Hier können wir durch eine **Tür im Zaun** weiter bis zur äußersten Spitze der Halbinsel wandern, wo wir am besten die **antiken Marmorbrüche** (Bild S. 2) sehen können. Hier liegen noch einige Stücke, die nicht mehr verschifft wurden. Die Marmorbrüche waren vom 6. Jh. vor Chr. bis zum 6. Jh. nach Chr. in Gebrauch. An den glatten Marmorflächen lassen sich Spuren von Werkzeuggebrauch ausmachen. Das Weiß des Marmors blendet die Augen so stark, daß wir ohne Sonnenbrille kaum etwas sehen können.
Zurück geht es nun auf einem Pfad in Ufernähe bis zur Südbucht. Kurz bevor wir die Bucht erreichen, kommen wir noch an einer kleinen **Höhlenkirche** vorbei, die aber nichts Sehenswertes enthält. Über die Sandbucht gehen wir wieder zum Ausgangspunkt am **Parkplatz**. Wer Lust hat, kann sich noch in das erfrischende Wasser stürzen, ein Sonnenbad nehmen oder sich in einer der Tavernen stärken.

37 Von Theologos nach Kastro

Wanderung von einem Piratenschutzdorf zum nächsten

Theologos – Kastro und zurück

Blick auf das Piratenschutzdorf Kastro.

Ausgangspunkt: Weggabelung am Anfang von Theologos (Busstation ca. 800 m weiter nördlich im Zentrum des Ortes).
Endpunkt: Dorfplatz mit Brunnen in Kastro (keine Busanbindung).
Gehzeiten: Theologos – Zisterne 1¾ Std., Zisterne – Kreuzung 1¾ Std., Kreuzung – höchste Stelle ½ Std., höchste Stelle – Kastro ½ Std., Kastro – höchste Stelle ¾ Std., höchste Stelle – Kreuzung ½ Std., Kreuzung – Zisterne 1½ Std., Zisterne – Theologos 1½ Std.; Gesamtzeit 8¾ Std.
Höhenunterschied: Hinweg 430 m, Rückweg 140 m.
Anforderungen: Tour auf Schotterpisten und Forstwegen, teilweise schattig. Nichts für Untrainierte und Konditionsschwache.
Einkehr: In Theologos Tavernen und Kafenia. In Kastro Kafenion z. Z. geschlossen. Unterwegs Brunnen mit Quellwasser.
Varianten: Rückweg von Kastro nach Limenaria (siehe Tour 39), Bushaltestelle, Tavernen und Kafenia.
Rundgang in Theologos (ca. 1 Std.) von Bushaltestelle an Kirche zum Ortszentrum. Bald rechts Taverne mit Ausblick, Ziegen und Lämmer vom Spieß (sonntags/feiertags). Nordwärts Kirche und Kindergarten, dann Betonstraße. Oben, über den Dächern der Stadt, links, zur Gabelung am Ortsanfang (rechts Taverne), wieder links in 10 Min. zum Ausgangspunkt.

Die Wanderung führt uns von dem Piratenschutzdorf Theologos, einst Hauptort der Insel, zu einem weiteren Schutzdorf in den Bergen, nach Kastro. Während Theologos noch bewohnt ist und durch den Tourismus ein gutes Auskommen hat, stehen in Kastro die meisten Häuser leer. Dies schlägt sich in der Verkehrsanbindung nieder: Theologos verbindet eine gute Asphaltstraße mit der Ringstraße an der Küste und hat Busanschluß, nach Kastro führt nur eine staubige Schotterpiste. Ein Bus fährt in das malerische Dorf nicht.

Startpunkt ist die Gabelung der Asphaltstraße am **Ortsanfang**. Rechts geht es zur Bushaltestelle und ins Zentrum. Wir nehmen hier die linke Möglichkeit. Etwa 100 m weiter biegen wir nach links in die aufwärts führende **Schotterpiste** ab. Es geht nun stetig aufwärts. Wir passieren eine Müllhalde und einen **Ziegenstall**, und gut ½ Std. nach unserem Start erreichen wir eine **Kreuzung**. Hier müssen wir den nach links führenden Abzweig nehmen. Nun können wir bald den steilen Felsen sehen, auf dessen Plateau Kastro liegt. Wir wandern nun in einem weiten Bogen um diesen Felsen herum und nähern uns dem Dorf dann von Norden.

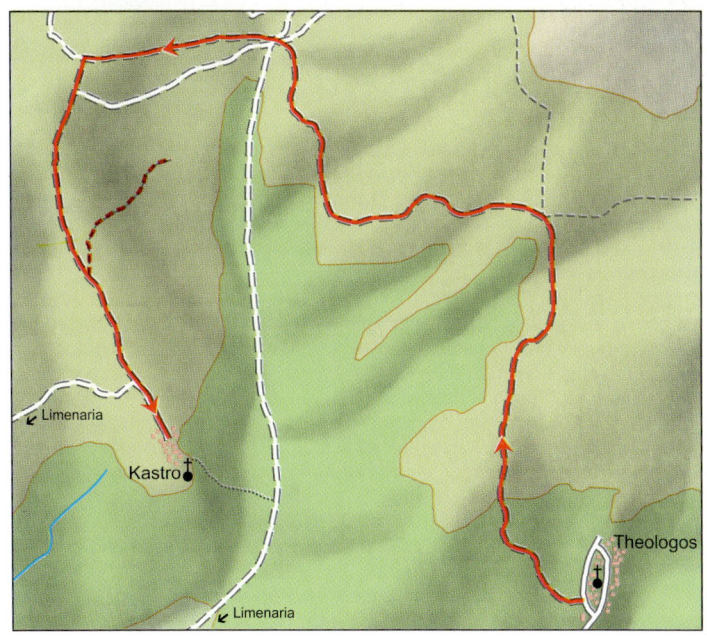

Auf dem Bergweg zwischen Theologos und Kastro.

Aber noch ist es lange nicht soweit. Wir wandern jetzt entlang eines Tales. Kastro liegt auf unserer linken Seite. Etwa 1½ Std. nach unserem Aufbruch kommen wir an einigen **riesigen Marmorblöcken** vorbei, die herrenlos in der Gegend liegen. ¼ Std. später erreichen wir eine **Zisterne**. Wir bleiben weiter auf dem Weg, der mit unbedeutenden Unterbrechungen immer noch aufwärts führt.

Knapp 2 Std., nachdem wir die Zisterne passiert haben, erreichen wir eine »**Multikreuzung**«, an der nicht weniger als sechs Straßen zusammenlaufen. Hier können wir den in gerader Richtung weiter verlaufenden Weg nehmen oder den rechts davon verlaufenden. Wir entscheiden uns für den rechts von der geraden Richtung verlaufenden Weg, weil er uns in etwa 20 Min. auf ein schönes Hochplateau führt. Dort stehen, durch Ziegenfraß verursacht, skurril geformte **Sträucher**. Kurz darauf erreichen wir ein **Kiefernwäldchen** mit Farnunterwuchs. Hier haben wir nun den höchsten Punkt erreicht, und es geht wieder abwärts. Von nun verläuft über weite Strecken der Weg bis zum Ziel durch lichten Kiefernwald. Knapp 500 m weiter zweigt nach links ein Weg ab, den wir nicht verpassen dürfen. Glücklicherweise weist ein **Holzschild** nach links mit der Aufschrift »Kastro«.

¼ Std. weiter zweigt nach hinten links erneut ein Weg ab. Wir müssen hier zwar weiter geradeaus, dennoch lohnt sich hier ein Abstecher nach links.

Nach etwa 20 Min. erreichen wir nämlich in der Nähe eines Ziegenstalls ein hügeliges Hochplateau. Auch hier haben die Ziegen wie Bildhauer an den Sträuchern gearbeitet und ihnen phantastische Formen verpaßt. Die Umgebung sieht wie aus dem Märchenbuch aus, und man erwartet jeden Augenblick Zwerge, Elfen oder andere Fabelwesen – ein Flecken wie geschaffen für eine Rast.

Wieder zurück an der Abzweigung gehen wir weiter geradeaus. Das Ziel ist nun schon relativ nah. Gut 500 m weiter stoßen wir auf einen anderen Weg. Rechts hinunter geht es nach Limenaria, links bringt uns der Weg in ¼ Std. nach **Kastro**. Bevor wir uns auf den **Rückweg** nach Theologos oder Limenaria machen, sollten wir uns zunächst Dorf und Kirche am Ende des Ortes anschauen (Näheres siehe Tour 39).

Das Schutzdorf Theologos in den Bergen der Insel Thasos.

38 Von Limenaria nach Kastro

Zu einem alten, fast unbewohnten Piratenschutzdorf in den Bergen

Limenaria Hafen – Kalivia – Kastro und zurück

Ausgangspunkt: Hafen in Limenaria, Bushaltestelle.
Endpunkt: Dorfplatz mit Brunnen in Kastro (keine Busanbindung).
Gehzeiten: Limenaria Hafen – Kalivia ½ Std., Kalivia – Aussichtspunkt 2 Std., Aussichtspunkt – Kastro 1 Std., Kastro – Aussichtspunkt 1 Std., Aussichtspunkt – Kalivia 1¾ Std., Kalivia – Limenaria Hafen ½ Std.; Gesamtzeit 6¾ Std.
Höhenunterschied: Im An- und Abstieg jeweils 550 m.
Anforderungen: Wanderung auf Feld- und Forstwegen, kurz auf Asphaltstraße, teilweise schattig, wegen der Länge für Untrainierte oder Konditionsschwache ungeeignet.
Einkehr: In Limenaria Tavernen und Kafenia, in Kastro Kafenion z. Z. geschlossen, unterwegs einige Brunnen mit Quellwasser.
Variante: Von Kastro nach Theologos (siehe Route 38), Bushaltestelle, Tavernen und Kafenia.

Kastro ist eines der ehemals zwölf Piratenschutzdörfer der Insel. Nachdem die Dörfer ihre ursprüngliche Bedeutung – den Schutz vor angreifenden Piraten – verloren hatten, siedelten mehr und mehr Bewohner in die Küstenorte um. Auch vor Kastro machte diese Entwicklung nicht halt. Vor 15 Jahren wohnten hier nur noch 15, meist ältere Einwohner. Viele dieser Dörfer haben aber im Laufe der letzten Jahre wieder an Attraktivität gewonnen. Und so fanden in Kastro einige ältere Häuser neue Besitzer, die sie jetzt als Wochenend- oder Sommerhäuser nutzen. Die Wanderung nach Kastro gehört sicher zu den schönsten auf Thasos. Unterwegs kommen wir an einigen besonders schönen Aussichtspunkten vorbei. Ebenso fasziniert das Dorf selbst, gebaut auf einem hohen Steilfelsen, der den Bewohnern natürlichen Schutz vor Angriffen bot.

Beinhaus in Kastro.

Wir beginnen die Wanderung am kleinen **Hafen** und gehen die **Uferpromenade** Richtung Westen, bis nach etwa 300 m die Straße endet. Dort wenden wir uns rechts aufwärts zur Hauptstraße, überqueren diese und gehen weiter Richtung Norden. Knapp ½ Std. nach unserem Start gabelt sich die Straße in dem kleinen Ort **Kalivia**, der sich übergangslos an Limenaria anschließt. Wir gehen hier rechts weiter Rich-

Küste im Nordwesten von Thasos.

tung Museum. Etwa 300 m weiter beschreibt die **Asphaltstraße** eine Linkskurve. Dort führt geradeaus weiter ein **unbefestigter Weg**, dem wir nun folgen.

Schon nach 50 m zweigt rechts wiederum ein Weg ab. Geradeaus weiter ginge es nach Maries, wir aber zweigen hier nach rechts ab. Nun geht es durch **Olivenhaine** aufwärts. ¼ Std. später durchqueren wir eine **Furt**. Der zugehörige Fluß ist allerdings fast immer ausgetrocknet. Sein Tal liegt links unter uns. Etwa 30 Min. später, wieder an einer Furt, überqueren wir den Fluß erneut. Das ausgetrocknete Flußbett liegt jetzt rechts von uns. Wir befinden uns in einem schönen Tal, das zum Wandern wie geschaffen ist. Etwas später durchqueren wir nochmals den Fluß und kommen kurz darauf an ein weißes **Marterlhäuschen**, geschmückt mit der griechi-

Berggängiges Arbeitstier Esel.

schen Fahne. Wir wandern immer noch durch Olivenhaine, die z. T. terrassenförmig mit Marmormauern angelegt sind. Etwa 200 m hinter dem Marterlhäuschen kommen wir rechter Hand an einen **Brunnen**. Hier enden nun bald die Haine, und wir erreichen einen Abschnitt mit noch ganz jungen Kiefern.

Wir bleiben weiter auf unserem Weg aufwärts und kümmern uns nicht um die links und rechts, meist nach unten, abzweigenden Pisten. Gut 2 Std. nach unserem Aufbruch kommen wir an einen Aussichtspunkt, von dem wir einen grandiosen Blick auf die Landschaft haben. Leider gibt es hier keinen Schatten. Aber an vielen Stellen sind noch **Baumstümpfe** zu sehen, Reste der verheerenden Brandkatastrophe. Wir machen uns also bald wieder auf den Weg. Es geht immer noch aufwärts. Nach einiger Zeit können wir voraus auf dem Hügelkamm ein kleines **Kiefernwäldchen** erkennen, das den Waldbrand überlebt hat. Auf dem Kamm haben wir die höchste Stelle der Wanderung erreicht. Wenig später kommt eine **Gabelung**, wo es links nach Theologos ginge. Rechts erreichen wir ¼ Std. später **Kastro**.

In der Dorfmitte an zwei hohen Zypressen, am Dorfplatz, lassen wir uns aus dem Brunnen das kühle, erfrischende Wasser schmecken. Die immer offene **Kirche** des Propheten Ilias steht auf einer Anhöhe am Ende des Dorfes. Interessant ist die **Gebeinekammer** nebenan. Das niedrige, langgestreckte Gebäude beherbergt die Knochen der verstorbenen Dorfbewohner. Bei einem Blick durch eine Maueröffnung können wir unzählige, wirr liegende Menschenknochen sehen. Es stehen drinnen einige mit Namen beschriftete Kartons. Sie enthalten die Knochen von Verstorbenen, die noch nicht so lange tot sind. Vom Kirchen-

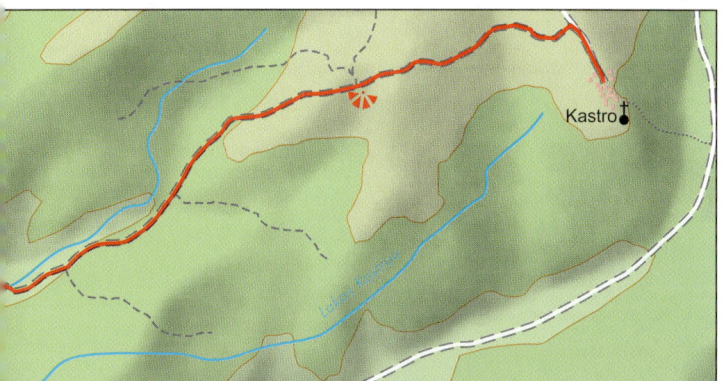

plateau aus haben wir einen phantastischen Rundblick. Im Nordosten können wir den 1204 m hohen Ipsari erkennen, den höchsten Berg der Insel. Im Osten ragt das bei Kinira fast an der Küste liegende Dreigipfel-Gebirge Trikorfon empor. Vor dem **Rückweg** werfen wir noch einen Blick in die kleine, unterhalb der Ilias-Kirche liegende **Kirche** des Heiligen Georgios.

Byzantinische Basilika auf Thasos.

39 Von Limenaria nach Maries

Wanderung zu einem Kloster und einem idyllischen Bergdorf

Limenaria Hafen – Kalivia – Himmelfahrtskloster – Maries

Kirchhofportal der Dorfkirche Maries.

Ausgangspunkt: Hafen in Limenaria an der Bushaltestelle.
Endpunkt: Ortszentrum von Maries (Bushaltestelle am Ortseingang).
Gehzeiten: Limenaria Hafen – Kalivia ½ Std., Kalivia – Lakos Marion ½ Std., Lakos Marion – Kloster ¾ Std., Kloster – Kirche mit Rastplatz 1 Std., Kirche mit Rastplatz – Maries ¼ Std.; Gesamtzeit 3 Std.
Höhenunterschied: Im An- und Abstieg jeweils 350 m.
Anforderungen: Wanderung auf oder neben Asphaltstraße, teilweise schattig.
Einkehr: In Limenaria und Maries Tavernen und Kafenia.
Hinweis: Ins Himmelfahrtskloster kommen keine Männer mit Shorts und Frauen in Hosen, 13 – 16.30 Uhr geschlossen.

Die Wanderung verläuft auf oder an der kaum befahrenen Straße nach Maries im Flußtal Lakos Marion. Oft laufen dabei abseits der Straße Pfade durch Olivenhaine. Erstes Ziel ist Panagias, das Himmelfahrtskloster. Von dort geht es zum Bergdorf Maries, das seine Ursprünglichkeit bewahrt hat.

Von **Limenaria** starten wir nach **Kalivia** (siehe Tour 38). An der **Weggabel** (rechts nach Kastro) gehen wir geradeaus aufwärts, und schon bald kommen wir an einer **kleinen Kirche** vorbei. Etwa 30 Min. nach der Gabelung erreichen wir einen Kiefernwald, kurz darauf überqueren wir den **Lakos Marion**, der meist kein Wasser führt. Gleich dahinter treffen wir rechts auf die **Teerstraße** nach Maries, suchen aber den Pfad durch die Olivenhaine rechts davon. Zäune versperren ab und an den Weg und zwingen auf die Straße. Knapp 30 Min. später zweigt nach links die Straße zum **Himmelfahrtskloster** ab, das wir nach ¼ Std. besichtigen können. Unter dem schattigen Pavillon halten wir Rast, bevor wir zur Straße nach Maries zurückwandern und links weiter aufwärtssteigen. Nach 45 Min. – links ein **Gebäude**, rechts ein Weg durch den Fluß – gehen wir geradeaus, und nach knapp ½ Std. wartet gegenüber der Kirche ein schöner Rastplatz direkt am Fluß. Nahe ist bereits Maries, schon bald können wir die ersten Häuser sehen. Wir passieren eine **Taverne** und kommen dort, wo sich die Straße gabelt, an die

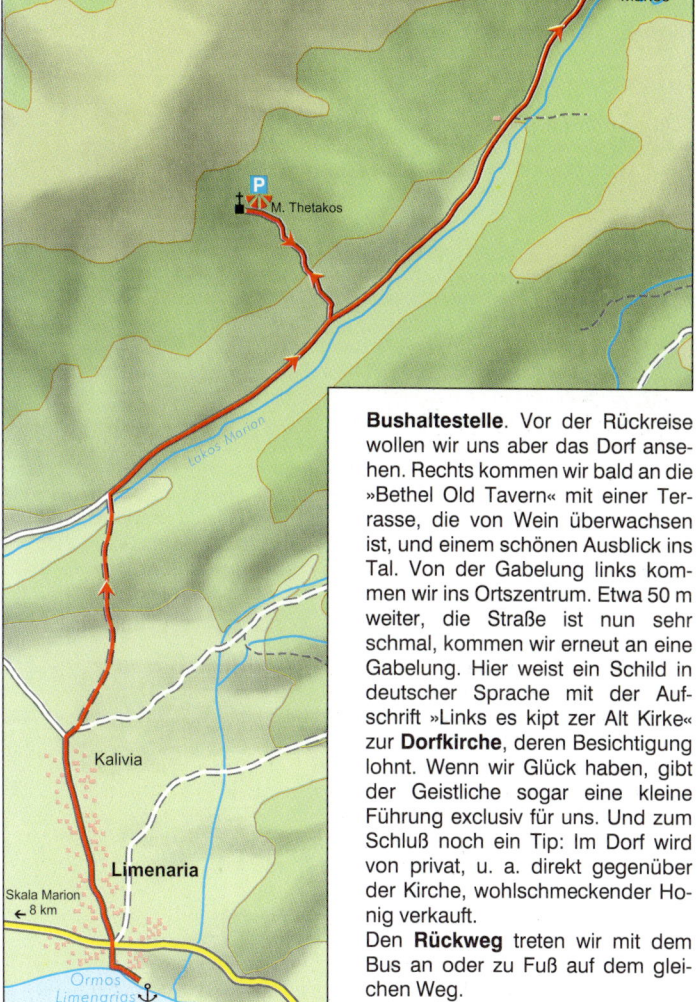

Bushaltestelle. Vor der Rückreise wollen wir uns aber das Dorf ansehen. Rechts kommen wir bald an die »Bethel Old Tavern« mit einer Terrasse, die von Wein überwachsen ist, und einem schönen Ausblick ins Tal. Von der Gabelung links kommen wir ins Ortszentrum. Etwa 50 m weiter, die Straße ist nun sehr schmal, kommen wir erneut an eine Gabelung. Hier weist ein Schild in deutscher Sprache mit der Aufschrift »Links es kipt zer Alt Kirke« zur **Dorfkirche**, deren Besichtigung lohnt. Wenn wir Glück haben, gibt der Geistliche sogar eine kleine Führung exclusiv für uns. Und zum Schluß noch ein Tip: Im Dorf wird von privat, u. a. direkt gegenüber der Kirche, wohlschmeckender Honig verkauft.

Den **Rückweg** treten wir mit dem Bus an oder zu Fuß auf dem gleichen Weg.

40 Kallirahi

Rundwanderung zu der Gipfelkirche Metamorphosis oberhalb des Dorfes

Kallirahi – Gipfelkirche und zurück

Ausgangs- und Endpunkt: Ortseingang von Kallirahi.
Gehzeiten: Kallirahi – Kirche mit Rastplatz ½ Std., Kirche mit Rastplatz – Gipfelkirche 1 Std., Gipfelkirche – Kallirahi ½ Std.; Gesamtzeit 2 Std.
Höhenunterschied: Im An- und Abstieg jeweils 340 m.
Anforderungen: Anstieg auf Schotterpiste, Abstieg auf Ziegenpfaden, kaum Schatten.
Einkehr: In Kallirahi Tavernen und Kafenia.

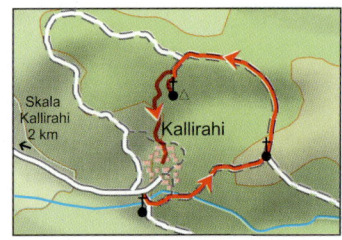

Eine Schotterpiste führt zum Fuß des Felsenberges, auf dem die Kirche thront. Aber beim Anstieg bieten sich wundervolle Panoramen. An der Kirche haben wir dann einen phantastischen Rundblick. Abwärts führt ein markierter Pfad durch offenes Gelände in mehr oder weniger direkter Linie zurück. Am 6. August pilgern viele Menschen in die Kirche zu einer großen Feier.
Wir starten am **Ortseingang** und zweigen dort gleich an der ersten Möglichkeit von der **Hauptstraße** nach rechts ab. Es geht hinunter in ein kleines Flußtal. An der rechts liegenden **Kirche** mit dem kleinen Friedhof halten wir uns links. Etwa 300 m weiter kommen wir an eine **Gabelung**. Dort gehen wir

Ikonen im Altarraum der Gipfelkirche.

Kallirahi, links der Berg mit der Gipfelkirche.

rechts die **Betonpiste** hinauf. Links von uns ragt nun der Berg mit der Gipfelkirche auf. Es geht aufwärts, wir passieren eine kleine, rechts liegende **Kapelle** und haben knapp 30 Min. nach dem Start das Straßenende an einer weiteren **kleinen Kirche** erreicht. Holzbänke und ein schöner Blick auf den Ort und zum Berg mit der Gipfelkirche laden zum Verweilen ein. Wir gehen weiter links um die Kirche herum und dort den Hang hinauf, wo wir auf einen **unbefestigten Weg** stoßen. Hier gehen wir links. Der weitere Anstieg liegt nun klar vor uns. Wir nähern uns der Gipfelkirche in einem weiten Bogen und erreichen nach knapp 1 Std. den Fuß des **Felsens**, auf dem die Gipfelkirche thront. Nun geht es auf **schmalen Pfaden** zwischen Ruinen eines ehemaligen Dorfes, im Gestrüpp schwer zu erkennen, steil aufwärts. Kurz vor dem Gipfel können wir auf der linken Seite die mehrere Meter hohen **Ruinen** eines Wachturmes erkennen. Wir erreichen das Gipfelplateau, das nach allen Seiten steil abfällt, von Norden. Die **Kirche**, ein einfacher Bruchsteinbau mit einem schiefergedeckten Dach, ist offen. Innen können wir mehrere, über 100 Jahre alte Ikonen betrachten. Dies ist aber alles nichts gegen den wunderbaren Ausblick, den wir vom Plateau aus genießen können.

Der **Abstieg** erfolgt bis zum Fuß des Felsens auf dem gleichen Weg. Dort angekommen, nehmen wir nach wenigen Metern den Pfad nach links. Nun helfen uns Markierungen auf dem mit Sträuchern durchwachsenen Schotterhang, einfache **rote Farbzeichen** auf Felsen oder Steinen, den Weg abwärts zu finden. Nach etwa 20 Min. kommen wir an eine **unbefestigte Fahrstraße**. Dort gehen wir links und gleich wieder rechts, wo wir zu den ersten Häusern der Ortschaft gelangen. Weiter abwärts liegt das **Zentrum**, wo wir beim Bummel durch die engen Gassen die Wanderung ausklingen lassen.

Stichwortverzeichnis

A

Ag. Anastasia 37, 115, 116
Ag. Annis 110, 113
Ag. Georgios 151
Ag. Ilias 73
Ag. Marina 38
Ag. Nikolaos 32
Agion Oros 80, 92
Agora von Thasos 135
Akropolis von Thasos 134
Aleppokiefer 17
Aliki 94, 142
Alphabet 14
Amoliani 94
Amphibien 16
Andenken (Tiere) 14
Anfahrt zu Touren 9
Aristoteles-Denkmal 114
Arnea 114, 124
Arsanas Konstamonitou 99
Arsanas Sografou 99
Athene-Tempel 135
Athos 74, 98
Athos-Karte 103
Athos-Sattel 112
Athos-Schutzhütte 112
Athos-Zutritt 75
Ausgrabung (Stagira) 115
Ausgrabung bei Olinthos 121
Aussichtsturm 128
Auto (Anreise) 20

B

Bahn (Anreise) 20
Beinkammer (Proph. Ilias) 150
Berg Athos 112
Brandgefahr 14
Brandschneisen 49
Bucht von Kalamitsi 60
Bucht von Koumitsi 83
Bus (Anreise) 20
Busbahnhöfe 9

C

Camping 13, 20
Carras, Weinkeller 66
Chalkidiki (Norden) 114
Chilandariou 106

D

Dafni 98, 106
Diamonitirion 98
Dionysos-Tempel 134
Dochiariou 99, 106
Dünen von Sani 47

E

Erdbeerbäume 77
Erdöl auf Thasos 133

F

Fähre (Anreise) 20
Feiertage 21
Felsenkirche 84
Finger der Chalkidiki 24
Fischtavernen 13, 49
Flokati 114
Flugzeug (Anreise) 20
Fourka 38
Frangokastro 76
Freiheitskampf-Statue 116
Fremdenverkehr 20

G

Geburtsort des Aristoteles 130
Goldstrand 136
Golf von Ierissos 92

H

Heiligen Gemeinschaft 98
Heiliger Berg 98
Herkules-Tempel 135
Himmelfahrtskloster 152
Himmelsstadt 74
Höhenkamm (Kassandra) 24
Höhle von Petrolana 119
Holomondas 114
Honig von Thasos 133
Hortiatis 16

Hügelkamm bei Ierissos 92
I
Ierissos 90, 92, 99
Informationsblatt (Athos) 100
Ipsarion-Gebirge 136
Isthmus 24
Itamos 52, 72
Iviron 100, 109
J
Jovantsa 99, 106
K
Kaikis 90
Kalamitsi 60
Kalivia 148, 152
Kallirahi 132, 154
Kallithea 24
Kanal von Potidea 24
Kap Paliouri 32
Karvounas 54
Karyai 107
Karyai (Athos) 100
Kassandra 24
Kassandria 38, 40
Kassandrino 24, 26, 34, 38
Kastro 132, 144, 148
Katounakia 113
Katsika 119
Kavsokalivia 99
Kleidervorschriften 11
Klöster (Athos) 102
Klosterblick 78
Klosterleben 104
Konstamonitou 106
Koronia-See 114
Kostas 48, 52
Koumitsi 80, 84
Kriopigi 26
Küstenstraße (Sithonia) 49
Küstenstraße auf Thasos 132
Kutlumusiou 109
L
Landschaftsbild 13
Levthonia 62

Libalia 53
Likythos 62
Limenaria 148, 152
Limenas 132
Linienbusse 9
Livadakia 36
M
Makedonien 16
Maries 152
Marmor 132
Marmor-Skulpturen 137
Marmorbruch 142
Marmorsteinbrüche 133
Megali Amos 94
Megali Panagia 114
Megistis Lavras 100, 113
Metamorphosis-Kirche 154
Mikra Ag. Annis 113
Mönchsrepublik 74, 98
N
Nea Olinthos 120
Nea Roda 74, 84
Nea Silata 118
Nea Skiti 111
Neas Marmaras 48, 55, 69, 70
Nisos Kelifos 29, 68
O
Olimbias 115, 130
Olinthos 115, 120
Olynth 19
Ostern (orthodox) 21
Ouranopoli 74, 76
P
Paliouri 32
Panagia 136, 138
Panorama, Taverna 56
Panteleimonos 99, 106
Pantokratores 109
Paraskevi 24, 31, 34
Parthenonas 55, 70
Pefkohori 24, 30
Petralona 18, 115, 118
Phrygana 17

Pilgerbüro 98
Poligiros 114, 122
Polihrono 28
Porto Carras 48, 69
Porto Koufos 62
Potamia 138
Potidea 24
Prophitis Ilias 125, 138, 150
Prosphorios-Turm 76, 78, 80

R
Reptilien 16
Rodokipos 119
Routen am Athos 106

S
Sandbank von Azapiko 68
Sandbuchten auf Sithonia 48
Sani 46
Sani Club 44
Sani, Camping 40, 44
Säuger 17
Schildkrötensee 28
Schutzdörfer 132
Sikia 56, 64
Simandra 120
Sithonia 48
Skala Kallirahi 132
Skala Potamias 137
Skala Sotiros 132
Skiten (Athos) 102
Sotiros 132
Stagira 114, 126, 130
Stavronikita 109
Stavrou Toumba 122
Steilküste bei Potidea 47
Stratoniki 114, 126

T
Taxiarhis 114
Temperatur 21
Thasos 132
Thasos-Stadt 134
Theologos 132, 144
Thermaischer Golf 119
Thrakien 16
Tiefebene 114
Topographische Karten 14
Toroni 57, 62, 64, 66
Trikorfon 151
Tripiti 88, 92
Tristinika 67
Turm von Nea Fokea 24

U
Unterkünfte 12

V
Vegetation 17
Volvi-See 114
Vorwahl 21
Vourvourou 50, 52

W
Waiwaiki 17, 46
Waldbrände 132
Wehrturm, byzant. 90
Wirbellose 16

X
Xenofontos 99, 106
Xiropotamo 88, 92
Xiropotamou 106

Z
Zeit (osteurop.) 21
Zentralgebirge auf Thasos 132

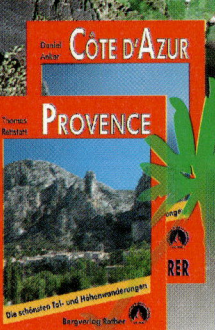